MUSSET
1810-1857
GAUTHIER-VILLARS

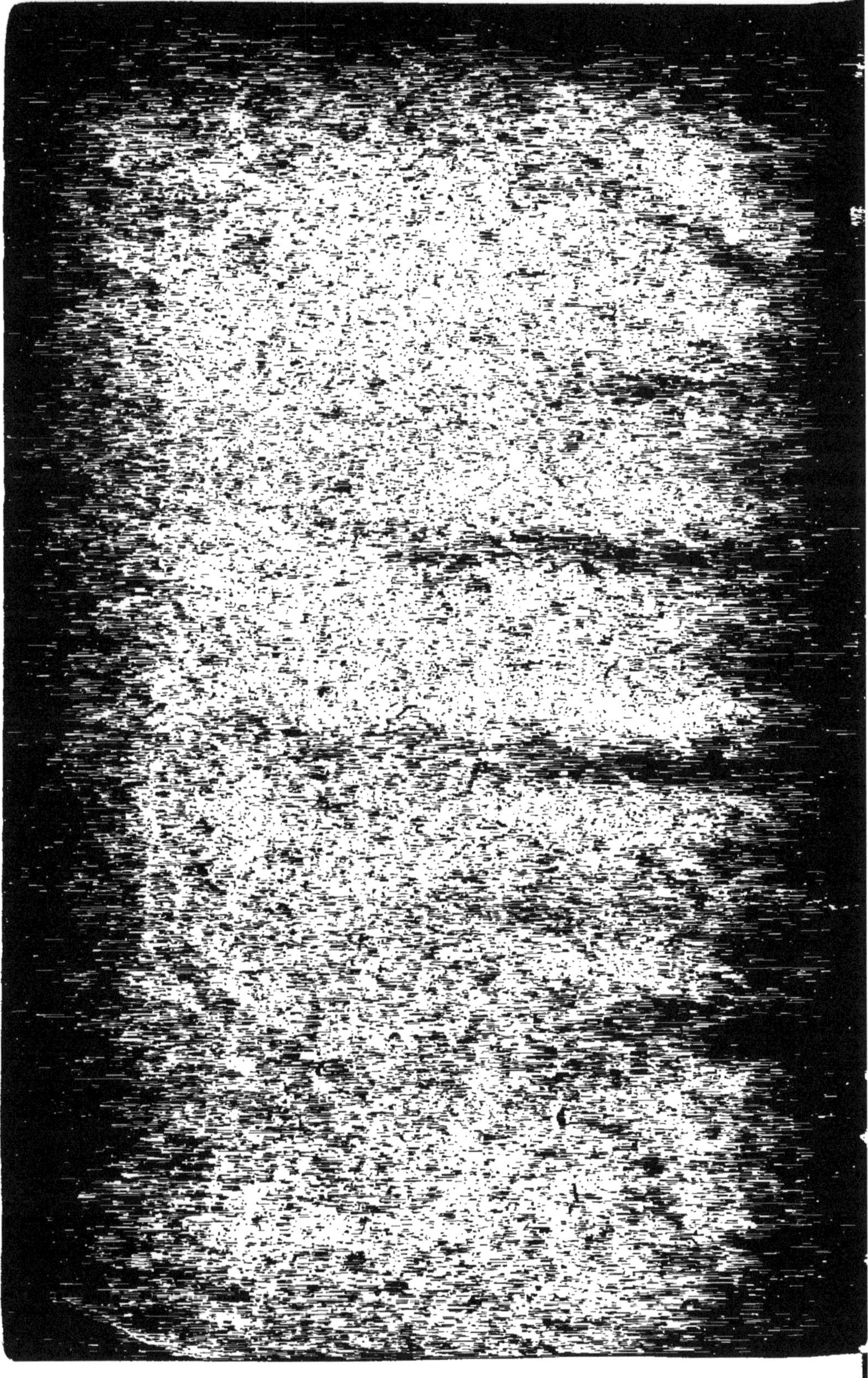

Peinture anonyme (Musée Carnavalet).

PAUL ET ALFRED DE
MUSSET ENFANTS

MUSSET

1810-1857

La vie de Musset. — L'œuvre.
Musset et son temps.

Par GAUTHIER-FERRIÈRES

Lauréat de l'Académie française.

Bibliothèque Larousse

Paris – Rue Montparnasse, 17

I. La vie de Musset.

Louis-Charles-*Alfred* de Musset est né à Paris, le 11 décembre 1810, dans une vieille maison qui portait autrefois le numéro 33 de la rue des Noyers, et que les transformations de la ville ont ouverte depuis au nº 57 du boulevard Saint-Germain, où on la voit encore. C'était bien là le seul berceau qu'on pouvait imaginer pour un génie comme le sien, à deux pas de la montagne Sainte-Geneviève où rôda François Villon, et non loin des Halles où grandirent Molière et Beaumarchais.

Sa famille, originaire du duché de Bar, vint s'établir dans le Vendômois au xv siècle; on la fait même remonter à Colin de Musset ou Muset, ménestrel du xiii siècle, et ami de Thibaut, comte de Champagne. C'est dire que l'amour des lettres était de tradition chez les Musset. Un marquis de Musset, mort en 1839, avait publié avant la Révolution un certain nombre d'écrits où le roman et le conte moral alternaient avec l'agriculture, et le propre père du poète, M. de Musset-Pathay, après avoir fourni une brillante carrière administrative, s'était acquis une certaine réputation en publiant une édition de Rousseau suivie, peu de temps après, d'une biographie très consciencieuse du philosophe de Genève.

L'enfance d'Alfred de Musset se passa tout entière avec sa mère et son frère Paul, de six ans plus âgé que

lui (1). C'était un joli bambin aux longues boucles blondes
entourant un visage souriant et rose, et ayant, dès cette
époque, l'impressionnabilité excessive qui, plus tard, déve-
loppera son génie en dévorant sa vie. A sept ans, il lit
fiévreusement *les Mille et une Nuits*, *Amadis*, *Don Quichotte*,
le Roland furieux, *la Jérusalem délivrée*; il a des suffoca-
tions, des « accès de manie », dit son frère, et, tourmenté
par l'impatience de jouir à tout prix, est déjà tout entier à
la merci de ses nerfs.

A neuf ans, il entra comme externe libre au lycée Henri-IV
et put y suivre tout de suite les cours de sixième. Là, ses
goûts aristocratiques se manifestèrent rapidement par la
fréquentation d'enfants plus riches ou plus élevés que lui,
et il fut pendant deux ans le condisciple et l'ami du duc de
Chartres, plus tard duc d'Orléans. Rien de particulier ne
lui arriva jusqu'à dix-sept ans, âge auquel il quitta le lycée,
muni d'un diplôme de bachelier et ayant obtenu le second
prix de philosophie au grand concours. Son père aurait
voulu le voir préparer l'École polytechnique, mais il s'y re-
fusa énergiquement, et, pour se donner des raisons de ne
rien faire, suivit un instant des cours de dessin, de droit et
de médecine. En réalité, il sentait déjà, dans une espèce de
malaise, la Muse bégayer en lui, et c'est au printemps
de 1828 qu'elle se déclara tout à coup, par une élégie dans
le goût d'André Chénier.

A partir de ce jour, Musset appartint tout entier à la littérature. Le moment était bon pour la jeunesse. Le romantisme bouleversait toutes les têtes; Shakspeare, Byron,
Gœthe étaient les dieux. Lamartine avait publié les *Médita-*
tions; chacun savait par cœur les *Odes et Ballades*, de Victor
Hugo, qui venait de faire paraître *Cromwell* et qui préparait

(1) *Paul*-Edme de Musset, frère aîné d'Alfred, littérateur distingué, auteur de
nombreux romans, est né et mort à Paris (1804-1880). Alfred de Musset avait également une sœur, Mme Lardin de Musset; elle est morte en 1905, à l'âge de
quatre-vingt-cinq ans.

Marion de Lorme et *Hernani*. Musset fut tout de suite
l'enfant choyé du fameux cénacle de l'Arsenal. Il y retrouvait, autour du vieux Nodier : Vigny, Sainte-Beuve, Mérimée,
les deux Deschamps, Deveria, Delacroix. Comme eux, il
admira les soleils couchants et les cathédrales gothiques,
et fit beaucoup de ballades où passaient des cavaliers au
large feutre et des andalouses au petit pied. Il s'habilla en
page, fut dandy, sceptique, et, avec sa belle tête rose et
blonde de chérubin que modela David d'Angers, offrit au
monde émerveillé l'image divine du génie adolescent :

> Aimant, aimé de tous, ouvert comme une fleur.

C'est alors que parurent les *Contes d'Espagne et d'Italie*
(1er janvier 1830). Le volume ne manquait pas d'allure et
d'impertinence ; toutes les hardiesses du moment étaient
dépassées et les romantiques crièrent à la merveille, mais
les classiques furent effarés, et, devant la bouffonnerie
de *Mardoche*, la parodie des *Marrons du feu* et le fameux
« *point sur un i* » de la *Ballade à la lune*, saisirent leurs
férules et châtièrent d'importance le délinquant.

Le théâtre, qu'il aborda en même temps, ne lui fut pas
plus favorable. Il avait donné à l'Odéon une bluette en un
acte : *la Nuit vénitienne ;* elle fut sifflée outrageusement
dès la première scène, et le poète promit, mais sans aucune
aigreur, de dire pour longtemps adieu à la « ménagerie ».

D'ailleurs, il avait déjà changé depuis son premier
volume Spirituel et moqueur, il avait été loin de prendre
au sérieux tous les accessoires de la « grande boutique
romantique », et c'est elle qui allait maintenant le renier.
Autant *Don Pàez* et *les Marrons du feu* avaient été applaudis, autant *la Coupe et les lèvres* et *A quoi rêvent les jeunes
filles* furent accueillis froidement. *Le Spectacle dans un
fauteuil*, qui contenait ces deux dernières œuvres, plus
Namouna, parut à la fin de 1832, et la critique dédaigna de
s'apercevoir des progrès du poète. Il est vrai qu'il avait eu

l'imprudence de traiter fort légèrement les journalistes dans *les Secrètes pensées de Rafaël.*

Quelques mois auparavant (avril 1832), en pleine épidémie de choléra, Musset avait eu la douleur de perdre son père, et son esprit en éprouvait une violente secousse. Maintenant, à vingt-trois ans, sa jeunesse insouciante et tapageuse était finie, et blasé, souffrant du « mal du siècle », il était mûr pour une grande crise morale ; elle ne se fit guère attendre.

On a trop écrit sur cette fameuse liaison de George Sand et d'Alfred de Musset pour qu'il soit nécessaire de s'y attarder beaucoup ici. C'est en 1833 qu'ils se rencontrèrent, à un dîner offert par la *Revue des Deux Mondes*, où Musset venait de faire paraître *Rolla*. L'intimité ne tarda pas à s'établir entre le poète et l'auteur de *Lélia*. George Sand, plus âgée de six ans, voulut tout de suite prendre des airs maternels ; Musset s'en irrita, et les orages éclatèrent. Cependant, à la fin de décembre 1833, les deux amants partirent pour Venise, et s'y installèrent dans les premiers jours de janvier 1834. La maladie les guettait tous deux à l'arrivée ; George Sand tomba d'abord, mais elle se releva bien vite, et, le 5 février 1834, Musset fut atteint à son tour d'une fièvre cérébrale terrible, avec délire, hurlements, convulsions. George Sand qui était brouillée avec lui retrouva tout son dévouement maternel pour le soigner. Elle s'adjoignit un jeune médecin du pays, nommé Pagello, et ce dernier sauva le poète à qui il avait succédé dans les faveurs de son amie. C'est alors que commença, entre les trois personnages, le roman le plus touchant et le plus ridicule. Musset, à peine remis, était considéré par Sand et Pagello comme un enfant qu'on plaint et qu'on dorlote, ce qui donnait lieu à des scènes d'exaltation et d'enthousiasme où le malheureux menaçait de laisser sa raison et sa vie. Prudemment, on lui conseilla de partir, et le 12 avril 1834, il était de retour à Paris. La passion l'y reprit de plus belle, George Sand étant revenue

à son tour, accompagnée de Págello. C'est de celte époque
que datent toutes les côlères, tous les soupçons, toutes les
larmes du pauvre Musset. Un séjour à Bade, dans l'été de
1834, le calma à peine ; cette situation intolérable et folle
devait se prolonger encore jusqu'aux premiers mois de 1835,
moment de la rupture définitive. Musset était brisé, déchu ;
l'orage avait passé, arrachant tout de son cœur et même de son
esprit, semblait-il, car il n'avait pour ainsi dire rien écrit depuis *Rolla*. Mais, à son insu, naissait en lui un grand poète qui
allait ramasser les débris épars de son génie et crier à jamais, de toute sa force, sa douleur et son désespoir.

Cette brusque et magnifique éclosion commença par la
Nuit de mai, écrite en pleine verve, en deux nuits de printemps, au milieu des lumières dont Musset aimait à s'entourer pour travailler. Elle fut suivie, à de brefs intervalles,
des trois autres Nuits, si diverses en leur beauté unique,
de la *Lettre à Lamartine* et des *Stances à la Malibran*.
Dans chacune de ces pièces, Musset était le grand poète
qu'il ne sera plus que deux fois encore : la première,
en 1838 (15 février), par *l'Espoir en Dieu*; la seconde en
1841 (15 février), par *le Souvenir*. Dans l'intervalle, il avait
écrit *la Confession d'un enfant du siècle* et fini la plupart
de ses *Comédies et Proverbes*. Maintenant, à trente ans,
presque toute son œuvre, tout le durable du moins, était
faite. Ce n'était plus le génie heureux et confiant qui, devant
lui, regarde fièrement la vie ; c'était un homme froid et
désabusé, hautain, se livrant peu, et, quoique toujours joli
homme, déjà perdu et gâté au fond de lui-même. Comme
Byron qu'il aimait, plus tôt que lui encore, il avait épuisé
sa jeunesse jusqu'au dernier filon, et il se taisait, sentant
grandir en lui l'impuissance d'écrire, et incapable de remé-
dier à l'effondrement de sa volonté. Déjà en 1839, impor-
tuné par les revues, qui, disait-il, avaient fait de lui un
vulgaire prosateur, un manœuvre de la pensée, il avait
parlé d'en finir d'un coup de pistolet, et son frère avait été

obligé de le surveiller quelque temps. Maintenant la colère ou l'amitié seules pouvaient réveiller en lui le poëte et le faire sortir de son silence, et l'on avait encore, selon le prétexte qui les inspirait, de délicats ou vigoureux poëmes. C'étaient *Silvia* ou *Simone*, charmants contes bien français, que Musset avait écrits pour plaire à son excellente marraine, Mme Jaubert; c'était l'épître *Sur la paresse*, belle et mâle satire écrite en réponse à Buloz, qui demandait au poëte les raisons de son silence; l'ironique et profonde *Soirée perdue*; c'était enfin *le Rhin allemand*, verte riposte au poëme insolent de Becker, quelque chose comme un gant de gentilhomme jeté à la face de l'insulteur. Mais, ces poëmes écrits, Musset retombait sur lui-même, brisé, et ne disait plus rien. Quelques-uns, malveillants, eussent cherché dans ce silence une raison d'orgueil, vanité de poëte qui veut se faire prier et boude un public qui se désintéresse de lui. Et de fait, il en eût eu le droit. Fâché avec la plupart des romantiques et séparé d'eux au moment de leur triomphe, il passait presque inaperçu auprès de la critique, et Sainte-Beuve lui-même le rangeait, pêle-mêle, parmi des poëtes de troisième ordre. Il n'avait encore obtenu aucune distinction, pas même la croix, malgré la protection de son ancien condisciple, le duc d'Orléans. En vérité, on ne le prenait pas au sérieux, et beaucoup en étaient encore à lui reprocher le « *point sur l'i* » de la *Ballade à la lune* et à croire ou feindre de croire qu'il en était resté là. « Parmi les gens du monde, disait Henri Heine, qui l'admirait beaucoup, il est aussi inconnu comme auteur que pourrait l'être un poëte chinois. » Le caractère modeste et indépendant de Musset était évidemment bien au-dessus de ces misères; cependant, il en souffrait, car il est un degré d'indifférence qu'on ne saurait supporter. Pour oublier, il essayait de s'étourdir avec quelques amis, mais en vain; le plaisir n'était plus de la partie; seules, la tristesse et la maladie se retrouvaient à son chevet, et ses journées étaient autant de néants. C'est de cette époque que date le beau sonnet intitulé *Tristesse*, qu'il nous faut citer tout entier parce qu'il exprime admirablement ce présent état d'esprit :

> J'ai perdu ma force et ma vie,
> Et mes amis et ma gaieté ;
> J'ai perdu jusqu'à la fierté
> Qui faisait croire à mon génie.
>
> Quand j'ai connu la Vérité,
> J'ai cru que c'était une amie ;
> Quand je l'ai comprise et sentie,
> J'en étais déjà dégoûté.
>
> Et pourtant elle est éternelle,
> Et ceux qui se sont passés d'elle
> Ici-bas ont tout ignoré.
>
> Dieu parle, il faut qu'on lui réponde.
> Le seul bien qui me reste au monde
> Est d'avoir quelquefois pleuré.

Pour user sa vie, Musset se perdait et s'affadissait dans les salons ; on le trouvait tous les jours au café de la Régence, jouant aux échecs et buvant, ou bien en face, au Théâtre-Français, fumant ou causant, en compagnie d'Arsène Houssaye, de Rachel ou des sœurs Brohan. Les faits les plus importants de son existence étaient une excursion dans les Vosges, au Croisic, ou un jour de prison à l'Hôtel des Haricots pour avoir omis ou refusé de monter sa faction dans la garde nationale. De tous les petits malheurs qui l'accablaient, ce dernier était salutaire, car il l'amusait et lui faisait parfois retrouver sa muse alerte et spirituelle des bons jours (Voir le *Mie prigioni ; Poésies nouvelles*).

Cependant, en 1847, on commença tout à coup à découvrir Musset. Mme Allan, alors en Russie, y avait trouvé *le Caprice* qui, traduit et joué dans le meilleur monde, y obtenait beaucoup de succès. Elle voulut absolument le donner pour sa rentrée au Théâtre-Français. Ce petit acte eut une vogue extraordinaire et fit certainement plus pour là réputation de l'auteur que tous ses autres ouvrages. En quelques jours, son nom et ses vers furent partout. La révolution de 1848, arrivant sur ces entrefaites, enleva brutalement à Musset, coupable de gentilhommerie, sa place de bibliothécaire au ministère de l'Intérieur, mais elle n'enleva rien à sa gloire qui continua de grandir. En 1852, l'Académie française le reçut dans son sein, en remplacement de Dupaty. C'est le poète de la jeunesse qu'elle accueillait ce jour-là, et il en avait encore toutes les allures. Sans doute, ce n'était plus ce front superbe d'adolescent, auréolé de boucles d'or, que David d'Angers avait modelé en 1831, mais c'était quelque chose de mieux que ce portrait de Charles Landelle, si célèbre depuis. Le regard n'avait pas cette expression vague que l'artiste lui a prêté, mais clair et spirituel, il donnait au contraire un air de fierté à tout le visage, qu'encadraient une barbe et d'abondants cheveux blonds. Le nez était fin et légèrement busqué, la bouche un peu charnue et dédaigneuse. On trouvait chez Musset cette élégance native de formes et de manières que rien n'altéra jamais. Et cependant, depuis 1840, on peut dire qu'il se survivait; les maladies s'étaient acharnées sur lui, les nerfs étaient surexcités, le cœur fonctionnait mal; c'est à une affection de ce dernier organe qu'il succomba dans la nuit du 1er au 2 mai 1857. La mort qu'il désirait depuis longtemps lui fut douce, elle le prit dans son sommeil. On l'enterra par un temps triste et humide; vingt-sept personnes seulement suivaient son cercueil jusqu'au Père-Lachaise. C'est là que Musset repose, dans la grande allée du cimetière. Un saule ombrage sa tombe, selon son vœu :

> Mes chers amis, quand je mourrai,
> Plantez un saule au cimetière.
> J'aime son feuillage éploré,
> La pâleur m'en est douce et chère,
> Et son ombre sera légère
> A la terre où je dormirai.

II. L'œuvre.

LES POÉSIES

Nul début de poète ne fut plus éclatant que celui d'Alfred de Musset, pas même celui de lord Byron qui appela bravement ses *Heures de paresse : Poésies d'un mineur*. Venu en pleine fièvre romantique, entre *Cromwell* et *Hernani*, l'auteur des *Contes d'Espagne et d'Italie*, mineur aussi, devait plaire surtout par ses défauts. Son livre en était plein. Mais c'étaient là des défauts que seul un grand poète peut se permettre dans sa jeunesse, et qui ont du charme encore. D'abord la déraison pure, et souvent de mauvais goût (*Mardoche*). Les hardiesses sont outrées, bouffonnes, la pensée enjambe et s'y bouscule d'un vers à l'autre. Dans *les Marrons du feu*, qui sont une parodie d'*Andromaque*, on a des coupes d'alexandrins comme celles-ci, pour citer les plus sages :

CAMARGO.

Quoi ! votre éventail ?

RAFAEL.

Oui. N'est-il pas beau, ma foi !
Il est large à peu près comme un quartier de lune, —
Cousu d'or comme un paon, — frais et joyeux comme une
Aile de papillon, — incertain et changeant
Comme une femme. — Il a des paillettes d'argent
Comme Arlequin. — Gardez-le, il vous fera peut-être
Penser à moi ; c'est tout le portrait de son maître.

Mais, à côté de cela, éclatent à chaque instant des qualités lyriques de premier ordre. Si des sujets comme *Portia, le Saule,* ont vieilli jusqu'à devenir illisibles, *Don Paez* n'a rien perdu de son allure cavalière, et certains passages, que nous citons, égalent au moins tout ce qu'on faisait alors et tout ce qu'on a fait depuis en ce genre :

> La lune se levait ; sa lueur souple et molle,
> Glissant aux trèfles gris de l'ogive espagnole
> Sur les pâles velours et le marbre changeant
> Mêlait aux flammes d'or ses longs rayons d'argent.
>
> . . . .
>
> Don Paez cependant, debout et sans parole,
> Souriait ; car, le sein plein d'une ivresse folle,
> Il ne pouvait fermer ses paupières sans voir
> Sa maîtresse passer, blanche avec un œil noir.
>
> . . . .
>
> Ainsi qu'on voit souvent, sur le bord des marnières,
> S'accroupir vers le soir de vieilles filandières,
> Qui, d'une main calleuse agitant leur coton,
> Faibles, sur leur genou laissent choir leur menton ;
> De même l'on dirait que, par l'âge lassée,
> Cette pauvre maison, honteuse et fracassée,
> S'est accroupie un soir au bord de ce chemin.
>
> . . . .
>
> . . . . . . — Déjà, dressant mille fantômes,
> La nuit comme un serpent se roule autour des dômes ;
> Madrid, de ses mulets écoutant les grelots,
> Sur son fleuve endormi promène ses falots.
> — On croirait que, féconde en rumeurs étouffées,
> La ville s'est changée en un palais de fées,
> Et que tous ces granits dentelant les clochers
> Sont aux cimes des toits des follets accrochés.

Le vers est harmonieux, pittoresque, plein et pourtant léger ; la rime, selon la nouvelle formule, a presque toujours sa consonne d'appui ; car Musset fut d'abord un excellent rimeur, comme les autres. Dans la *Ballade à la lune,* qui est un jeu de ce genre, la rime féminine, au troisième vers,

C'était, dans la nuit brune,
Sur le clocher jauni,
La lune,
Comme un point sur un i.

Lune, quel esprit sombre
Promène au bout d'un fil
Dans l'ombre,
Ta face et ton profil ?

Qui t'avait éborgnée
L'autre nuit ? — T'étais-tu
Cognée
À quelque arbre pointu ?

Car tu vins, pâle et morne,
Coller sur mes carreaux
Ta corne
À travers les barreaux.

alf^d de Musset

tombe élégamment sur deux pieds, pour faire ensuite une
pirouette :

> C'était dans la nuit brune,
> Sur le clocher jauni,
>   La lune
> Comme un point sur un i.

Mais brusquement, d'un volume à l'autre, il changea.
Sainte-Beuve lui reprochait, et fort justement, d'avoir
dérimé après coup la ballade andalouse; c'était en vain. Dès
le Spectacle dans un fauteuil, il s'applique à mal rimer ;
mieux encore, il s'en vante :

> Vous trouverez, mon cher, mes rimes bien mauvaises ;
> Quant à ces choses-là, je suis un réformé.
> Je n'ai plus de système, et j'aime mieux mes aises ;
> Mais j'ai toujours trouvé honteux de cheviller.

Telle est son opinion, et il n'en changera plus, car beaucoup plus tard, en 1842, il redira, avec plus de vigueur
encore, la même chose (*Après une lecture*) :

> Certes, c'est une vieille et vilaine famille
> Que celle des frelons et des imitateurs ;
> Allumeurs de quinquets, qui voudraient être acteurs.
> Aristophane en rit, Horace les étrille ;
> Mais ce n'est rien auprès des versificateurs.
> *Le dernier des humains est celui qui cheville.*

C'est là ce qui, plus tard, devait lui nuire si fort auprès
des Parnassiens, après l'avoir fait mettre au ban de l'empire
des Romantiques. En attendant, il n'était plus avec personne
et s'en tenait à l'éclectisme :

> Racine, rencontrant Shakspeare sur ma table,
> S'endort près de Boileau, qui leur a pardonné.

Il n'était plus romantique. Dans *Namouna*, il se moque
des descriptions toutes faites, des Orients de bric-à-brac,
peints par ceux qui n'y sont jamais allés :

> Si d'un coup de pinceau je vous avais bâti
> Quelque ville *aux toits bleus*, quelque *blanche* mosquée,

> Quelque tirade en vers, d'or et d'argent plaquée,
> Quelque description de minarets flanquée,
> Avec l'horizon *rouge* et le ciel assorti,
> M'auriez-vous répondu : « Vous en avez menti ? »

Mais il n'était pas pour cela devenu classique, car il s'en moque également quelques strophes plus loin :

> L'âme et le corps, hélas ! ils iront deux à deux,
> Tant que le monde ira, — pas à pas, côte à côte, —
> Comme s'en vont les vers classiques et les bœufs.

Désormais il marchera toujours seul, rencontrant parfois de l'hostilité, plus souvent de l'indifférence. *La Coupe et les lèvres* avait dérouté tout le monde. *A quoi rêvent les jeunes filles* ne fut pas goûté. C'est cependant une perle inestimable ; elle contient déjà toutes les qualités qui caractériseront plus tard le théâtre de Musset ; la vérité y trouve sa place au milieu de l'invraisemblance féerique ; l'amour y déborde, un amour pur, naïf ; les vers sont exquis, aériens comme les parfums qu'on respire dans une nuit de printemps :

NINON.

> Toi dont la voix est douce, et douce la parole,
> Chanteur mystérieux, reviendras-tu me voir ?
> Ou, comme en soupirant l'hirondelle s'envole,
> Mon bonheur fuira-t-il n'ayant duré qu'un soir ?

NINETTE.

> Audacieux fantôme à la forme voilée,
> Les ombrages ce soir seront-ils sans danger ?
> Te reverrai-je encor dans cette sombre allée,
> Ou disparaîtras-tu comme un chamois léger ?

NINON.

> L'eau, la terre et les vents, tout s'emplit d'harmonies,
> Un jeune rossignol chante au fond de mon cœur.
> J'entends sous les roseaux murmurer des génies...
> Ai-je de nouveaux sens inconnus à ma sœur ?

NINETTE.

Pourquoi ne puis-je voir sans plaisir et sans peine
Les baisers du zéphyr trembler sur la fontaine,
Et l'ombre des tilleuls passer sur mes bras nus?
Ma sœur est une enfant, — et je ne le suis plus.

NINON.

O fleurs des nuits d'été, magnifique nature !
O plantes ! ô rameaux, l'un dans l'autre enlacés !

NINETTE.

O feuilles des palmiers, reines de la verdure,
Qui versez vos amours dans les vents embrasés !

Ce poème (Musset le voyait ainsi puisqu'il ne l'a pas mis dans son théâtre) fut presque aussitôt suivi de *Namouna*. Musset s'est toujours défendu d'imiter Byron ; il faut cependant bien avouer qu'un poème comme ce dernier n'eût pas été écrit avant *Beppo* ou *Don Juan*, pas plus que le Frank de *la Coupe et les lèvres* n'eût été conçu avant *Lara*, *Manfred* et *le Corsaire*, auxquels il ressemble. Ce sont des œuvres comme celles-là qui avaient fait surnommer Musset : *Miss Byron*. Sombre et énigmatique poème que *la Coupe et les lèvres* et qui, malgré l'influence incontestable du poète anglais, est déjà tout Musset. L'explication en est dans ces vers célèbres :

Ah ! malheur à celui qui laisse la débauche
Planter le premier clou sous sa mamelle gauche !
Le cœur d'un homme vierge est un vase profond :
Lorsque la première eau qu'on y verse est impure,
La mer y passerait sans laver la souillure,
Car l'abîme est immense, et la tache est au fond.

C'est là le premier énoncé d'une thèse que Musset reprendra souvent par la suite, comme nous le verrons. Autour de Frank, Belcolore et Déidamia sont présents comme deux symboles. Le premier, terrible, c'est la débauche :

Avec ses deux grands yeux qui sont d'un noir d'enfer.

Le second, charmant, c'est l'innocence, avec son bouquet de fleurs des champs ; et Belcolore tuant Déidamia au moment où elle va enfin donner à Frank la véritable paix du cœur, c'est la débauche tuant pour jamais le véritable amour. Dans *Namouna*, le poète se livre tout entier ; il se moque de lui-même et des autres, et avec quel esprit ! tour à tour éloquent et passionné, attendri et cynique ; c'est son propre portrait qu'il nous trace dans celui de Don Juan :

> Le voilà, jeune et beau, sous le ciel de la France,
> Déjà riche à vingt ans comme un enfouisseur ;
> Portant sur la nature un cœur plein d'espérance,
> *Aimant, aimé de tous, ouvert comme une fleur.*
> Si candide et si frais que l'ange d'innocence
> Baiserait sur son front la beauté de son cœur.

C'est au bas du portrait en costume de page, par Devéria, ou au bas du médaillon de David que ces vers semblent avoir été écrits. Malheureusement, les Don Juan deviennent facilement des Rolla ; il appartenait à Musset de créer un tel personnage. Il n'avait pas encore vingt-trois ans quand le poème parut (15 août 1833). Rolla est le type de l'enfant du siècle, *venu trop tard dans un monde trop vieux.* C'est ce qui lui valut tant de succès auprès de la jeunesse, qui trouvait là l'expression du malaise dont elle souffrait. Tout lui plut dans ce poème, surtout peut-être les défauts qui sont dans un accent qui nous semble aujourd'hui déclamatoire, mais qui n'en était pas moins sincère. Rolla est le frère d'Octave de *la Confession d'un enfant du siècle,* et il pense et s'exprime comme lui.

Taine en parle comme du « plus passionné des poèmes » où on a ramassé « toutes les magnificences de la nature et de l'histoire pour les faire jaillir en gerbe étincelante et reluire sous le plus ardent soleil de poésie qui fût jamais ».

Sans parler du commencement si célèbre du poème, ce
sont en effet de magnifiques accents que ceux-ci :

> Un groupe délaissé de chanteurs ambulants
> Murmurait sur la place une ancienne romance.
> Ah! comme les vieux airs qu'on chantait à douze ans
> Frappent droit dans le cœur aux heures de souffrance!
> Comme ils dévorent tout, comme on se sent loin d'eux!
> Comme on baisse la tête en les trouvant si vieux !
> Sont-ce là tes soupirs, noir esprit des ruines ?
> Ange des souvenirs, sont-ce là tes sanglots ?
> Ah! comme ils voltigeaient, frais et légers oiseaux,
> Sur le palais doré des amours enfantines !
> Comme ils savent rouvrir les fleurs des temps passés,
> Et nous ensevelir, eux qui nous ont bercés !
> . . . .
> Quand le soleil se lève aux beaux jours de l'automne,
> Les neiges sous ses pas paraissent s'embraser.
> Les épaules d'argent de la Nuit qui frissonne
> Le couvrent de rougeur sous son premier baiser.
> Tel frissonne le corps d'une chaste pucelle,
> Quand dans les soirs d'été le sang lui porte au cœur.
> Tel le moindre désir qui l'effleure de l'aile
> Met un voile de pourpre à la sainte pudeur.
> Roi du monde, ô soleil ! la terre est ta maîtresse;
> Ta sœur dans ses bras nus l'endort à ton côté;
> Tu n'as voulu pour toi l'éternelle jeunesse
> Qu'afin de lui verser l'éternelle beauté !
>
> Vous qui volez là-bas, légères hirondelles,
> Dites-moi, dites-moi, pourquoi vais-je mourir?
> Oh! l'affreux suicide! oh! si j'avais des ailes,
> Par ce beau ciel si pur je voudrais les ouvrir!
> Dites-moi, terre et cieux, qu'est-ce donc que l'aurore?
> Qu'importe un jour de plus à ce vieil univers ?
> Dites-moi, verts gazons, dites-moi, sombres mers,
> Quand des feux du matin l'horizon se colore,
> Si vous n'éprouvez rien, qu'avez-vous donc en vous
> Qui fait bondir le cœur et fléchir les genoux?
> O terre! à ton soleil qui donc t'a fiancée?
> Que chantent tes oiseaux? que pleure ta rosée?
> Pourquoi de tes amours viens-tu m'entretenir?
> Que me voulez-vous tous, à moi qui vais mourir?

A un si précoce débordement d'émotion et d'éloquence, il était facile de deviner ce que deviendrait Musset dès que la passion se serait emparée de lui. On a vu ailleurs, dans la vie, quelle crise affreuse l'interrompit pendant deux ans. Il se réveilla avec *les Nuits*, chef-d'œuvre de la poésie personnelle, et, dans ce genre, œuvre sans précédent comme sans rivale dans toute la littérature.

De quoi les rapprocherait-on en effet et dans quel genre les pourrait-on classer? C'est quelque chose de plus et de mieux que l'Élégie telle, par exemple, que la conçoit André Chénier dont Musset se souviendra cependant tout à l'heure, du moins dans la manière et le mouvement, en montrant :

> La blanche Oloossone à la blanche Camyre.

C'est autre chose aussi que l'élégie lamartinienne, pure, éthérée, ne découvrant que le côté idéal et noble de l'amour, jusqu'à faire de son objet un fantôme aussi vague que charmant; on y chercherait également en vain les éclatantes qualités descriptives à travers lesquelles Hugo promène ses douleurs jusqu'à les oublier (*Tristesse d'Olympio*); non, ici, c'est un homme qui souffre, rien de plus, et chez lui la passion suffit seule à soutenir le ton.

D'abord, dans *la Nuit de mai*, c'est la lassitude; le poète, épuisé, peut à peine parler encore; il laisse le printemps fleurir autour de lui et la Muse l'inciter au travail :

> Rien ne nous rend si grands qu'une grande douleur...
> — Les plus désespérés sont les chants les plus beaux,
> Et j'en sais d'immortels qui sont de purs sanglots.

Puis, le ton change; dans *la Nuit de décembre*, c'est lui seul qui parle et nous montre ce *jeune homme vêtu de noir*, toujours divers, nouveau, et cependant toujours semblable à lui. Il est oppressé, il souffre, la douleur le transporte :

> Ah! faible femme! orgueilleuse insensée,
> Malgré toi tu t'en souviendras!

> Pourquoi, grand Dieu ! mentir à sa pensée ?
> Pourquoi ces pleurs, cette gorge oppressée,
>   Ces sanglots, si tu n'aimais pas ?

Ce ton, on le retrouvera dans *la Nuit d'octobre*, qui est peut-être la plus belle et la plus complète de toutes, quand le poète se laisse aller à la colère en évoquant sa maîtresse :

> Grand Dieu ! préservez-moi ! je l'aperçois, c'est elle ;
> Elle entre. — D'où viens-tu ? qu'as-tu fait cette nuit ?
> Réponds, que me veux-tu ? qui t'amène à cette heure ?...
> Va-t'en, retire-toi, spectre de ma maîtresse !

Mais ce n'est là qu'un orage bientôt calmé. Déjà, dans *la Nuit d'août*, riante et païenne, le poète s'abandonnait sans réserve à l'Amour. Non plus à cette misérable passion qui l'avait tant fait souffrir, mais à la divinité universelle, irrésistible, celle qui court, avec le sang, dans les veines de toute créature :

> Aime, et tu renaîtras ; fais-toi fleur pour éclore.
> Après avoir souffert, il faut souffrir encore ;
> Il faut aimer sans cesse, après avoir aimé.

Maintenant, il a pardonné, et c'est à la nature qu'il demande l'oubli, après avoir exalté le travail et la solitude :

> Jours de travail ! seuls jours où j'ai vécu !
>   O trois fois chère solitude !
> Dieu soit loué, j'y suis donc revenu,
>   A ce vieux cabinet d'étude !

C'est au silence de ce vieux cabinet si souvent délaissé que nous devons toutes les bonnes et saines pages qui vont suivre, celles du Musset que l'infini tourmente, malgré lui, et qui écrit *l'Espoir en Dieu* après avoir adopté, tout simplement, trop simplement peut-être, la foi un peu inconsistante et verbale de Lamartine.

Malheureusement, Musset se taira promptement après

cette prestigieuse explosion de lyrisme, et, si nous excep_
tons *le Souvenir* (1841), il ne retrouvera plus guère sa passion que comme satiriste.

On n'a jamais assez insisté, ce me semble, sur ce côté très
caractéristique du génie de Musset. Il y déploie des qualités
de premier ordre. Tout son esprit, — il en eut plus que tout autre, et du meilleur, — tout son esprit abonde, remplit, gonfle
le vers. C'est le coup droit, sans feinte, bien français de race et
de manières. Musset eût été, s'il l'avait daigné, le premier satiriste de son siècle. Il y avait en lui un autre Régnier, mais
plus classique et se rapprochant de Molière, un Régnier sans
trivialités ni basses peintures, flagellant impitoyablement
le vice, et n'exerçant jamais sa verve aux dépens de la vertu.

Dans une *Soirée perdue*, à propos de Molière et du *Misan-
thrope*, il avait dit :

> Ah ! j'oserais parler, si je croyais bien dire.
> *J'oserais ramasser le fouet de la satire,*
> Et l'habiller de noir, cet homme aux rubans verts,
> Qui se fâchait jadis pour quelques mauvais vers.

Ce fouet de la satire, il l'a fort bien ramassé, et la sottise
en est à jamais marquée. La première pièce en date, de ce
genre, est *Dupont et Durand* (1838). On y voit à la fois le
Fouriérisme et le Romantisme, la politique et la littérature.
Cette caricature d'un avenir humanitaire est admirable :

> Sur deux rayons de fer un chemin magnifique
> De Paris à Pékin ceindra ma république.
> Là, cent peuples divers, confondant leur jargon,
> Feront une Babel d'un colossal wagon.
> Là, de sa roue en feu, le coche humanitaire
> Usera jusqu'aux os les muscles de la terre.
> Du haut de ce vaisseau les hommes stupéfaits
> Ne verront qu'une mer de choux et de navets.
> Le monde sera propre et net comme une écuelle ;
> L'humanitairerie en fera sa gamelle,
> Et le globe rasé, sans barbe ni cheveux,
> Comme un grand potiron roulera dans les cieux.

Il en est de même de ce portrait du bas envieux qui ment, et, dans le bas des gazettes obscures, crache sur toutes les gloires qu'il ne peut atteindre :

> Ah ! Dupont, qu'il est doux de tout déprécier !
> Pour un esprit mort-né, convaincu d'impuissance,
> Qu'il est doux d'être un sot et d'en tirer vengeance !
> A quelque vrai succès lorsqu'on vient d'assister,
> Qu'il est doux de rentrer et de se débotter,
> Et de dépecer l'homme, et de salir sa gloire,
> Et de pouvoir sur lui vider une écritoire,
> Et d'avoir quelque part un journal inconnu
> Où l'on puisse à plaisir nier ce qu'on a vu !
> Le mensonge anonyme est le bonheur suprême.
> . . . .

Mais, après avoir noté *le Rhin allemand*, que Lamartine avait bien tort d'appeler « chanson de caserne », c'est surtout à cette magnifique épître à Buloz : *Sur la paresse*, qu'il faut s'arrêter. Du premier au dernier vers, la pièce est un chef-d'œuvre. Rien n'est plus haut, plus digne, ne donne une meilleure idée du caractère de gentilhomme d'Alfred de Musset. Toujours éloquent, il y passe du dédain à la colère avec une aisance surprenante.

D'abord, pêle-mêle, tous les maux dont souffrait son époque et dont la nôtre souffre encore plus, hélas !

> ...Nos discours pompeux, nos fleurs de bavardage,
> L'esprit européen de nos coqs de village,
> Ce bel art si choisi d'offenser poliment
> Et de se souffleter parlementairement ;...
> Ensuite, un mal honteux, le bruit de la monnaie,
> La jouissance brute, et qui croit être vraie,
> La mangeaille, le vin, l'égoïsme hébété,
> Qui se berce en ronflant dans sa brutalité ;
> Puis un tyran moderne, une peste nouvelle,
> La médiocrité qui ne comprend rien qu'elle,
> Qui, pour chauffer la cuve où son fer fume et bout,
> Y jetterait le bronze où César est debout,
> Instinct de la basoche, odeur d'épicerie,
> Qui fait lever le cœur à la mère patrie,

> Capable, avec le temps, de la déshonorer,
> Si sa fierté native en pouvait s'altérer ;
>
> . . . .
>
> Puis, un mal dangereux qui touche à tous les crimes,
> La sourde ambition de ces tristes maximes
> Qui ne sont même pas de vieilles vérités
> Et qu'on vient nous donner comme des nouveautés.
> Vieux galons de Rousseau, défroque de Voltaire,
> Carmagnole en haillons volée à Robespierre,
> Charmante garde-robe où sont emmaillotés
> Du peuple souverain les courtisans crottés ;
> Puis enfin, tout au bas, la dernière de toutes,
> La fièvre de ces fous qui s'en vont par les routes
> Arracher la charrue aux mains du laboureur,
> Dans l'atelier désert corrompre le malheur,
> Au nom d'un Dieu de paix qui nous prescrit l'aumône,
> Traîner au carrefour le pauvre qui frissonne,
> D'un fer rouillé de sang armer sa maigre main
> Et se sauver dans l'ombre en poussant l'assassin.

Le ton s'élève ensuite, et va jusqu'au plus pur et plus haut lyrisme :

> Franchise du vieux temps, muse de la patrie,
> Où sont ta verte allure et ta sauvagerie ?
> Comme ils tressailleraient, les paternels tombeaux,
> Si ta voix douce et rude en frappait les échos !
> Comme elles tomberaient, nos gloires mendiées,
> De patois étrangers nos muses barbouillées,
> Devant toi qui puisas ton immortalité
> Dans ta beauté féconde et dans ta liberté !
> Avec quelle rougeur et quel piteux visage
> Notre bégueulerie entendrait ton langage,
> Toi qu'un juron gaulois n'a jamais fait bouder
> Et qui, ne craignant rien, ne sais rien marchander !
> Quel régiment de fous, que de marionnettes,
> Quel troupeau de mulets dandinant leurs sonnettes,
> Quelle procession de pantins désolés,
> Passeraient devant nous, par ta voix appelés !
> Et quel plaisir de voir, sans masques ni lisières,
> A travers le chaos de nos folles misères,
> Courir en souriant tes beaux vers ingénus,
> Tantôt légers, tantôt boiteux, toujours pieds nus !

> Gaîté, génie heureux, qui fus jadis le nôtre,
> Rire dont on riait d'un bout du monde à l'autre,
> Esprit de nos aïeux, qui te réjouissais
> Dans l'éternel bon sens, lequel est né français,
> Fleurs de notre pays, qu'êtes-vous devenues ?
> L'aigle s'est-il lassé de planer dans les nues,
> Et de tenir toujours son regard arrêté
> Sur l'astre tout-puissant d'où jaillit la clarté ?

Voilà les accents qui font le grand Musset, après *les Nuits*, *le Souvenir*, *l'Espoir en Dieu*, et les célèbres *Stances à la Malibran*, où le poète prend un prétexte pour pleurer éloquemment sur lui-même, et, en général, sur ceux que le génie dévore et traîne prématurément au tombeau. Si les Parnassiens ont dédaigné plus tard un tel poète et lui ont reproché ses rimes mauvaises, ils auraient dû dire, avec Émile Faguet, qu'on ne s'en aperçoit pas en le lisant; mieux encore, ils auraient dû voir que, chaque fois que Musset est grand poète, ses rimes sont, sinon riches, au moins plus que suffisantes. Son vers toujours ailé, même quand il marche, a une légèreté, une aisance, une grâce qui ne s'acquièrent pas et qui sont le génie même. Cela est sensible dès le début, même dans *Mardoche*, où l'on voit des vers comme ceux-ci :

> Heureux un amoureux ! — Il ne s'inquiète pas
> Si c'est pluie ou gravier dont s'attarde son pas.
> On en rit; c'est hasard s'il n'a heurté personne.
> *Mais sa folie au front lui met une couronne,*
> *A l'épaule une pourpre, et devant son chemin*
> *La flûte et les flambeaux, comme un jeune Romain.*

Comme La Fontaine, qu'il admirait beaucoup (voir vers les débuts du poème *Silvia : c'est avec celui-là qu'il est bon de veiller*) et à qui on a pu le comparer parfois, il a la touche légère, rapide, et qui sait peindre. Il a su nous montrer :

> La grisette à pied, trottant comme un perdreau.
> . . . .

> Et la fillette preste
> Qui passe le buisson,
>   Pied leste,
> En chantant sa chanson.

. . . .

> Aux pays où le soleil brille,
> Près d'un temple grec ou latin,
> Les beaux pieds d'une jeune fille
> Sentant la bruyère et le thym.

On lui a reproché ses nonchalances ; mais on pourrait dire de lui, avec Régnier : *Ses nonchalances sont ses plus grands artifices,* car il n'ignore rien des ressources du métier. Il sait la valeur des syllabes sourdes ou sonores, et, par leur emploi bien approprié, abrège ou prolonge à son gré la résonance d'un vers. Il dira, par exemple, parlant à Dante :

> Est-ce bien toi, grande âme immortellement triste.

Mais il excelle surtout dans la légèreté riante des images ; il dit :

> ❚ Cependant du plaisir la frileuse saison
> *Sous ses grelots légers rit et voltige encore.*

. . . .

> ❚ Courir en souriant tes beaux vers ingénus,
> *Tantôt légers, tantôt boiteux, toujours pieds nus.*

. . . .

> ❚ Un bal est à deux pas ; à travers la fenêtre,
> On le voit çà et là bondir et disparaître,
> *Comme un chevreau lascif qu'une abeille poursuit.*

> ❚ Ces accents pleins d'amour, de charme et de terreur,
> Qui voltigeaient le soir sur ta lèvre inspirée,
> *Comme un parfum léger sur l'aubépine en fleur.*

. . . .

> ❚ *Les tièdes voluptés des nuits mélancoliques*
> *Sortaient autour de nous du calice des fleurs.*

. . . .

> Je rayonnerais, sous ma tresse brune,
>   *Comme un clair de lune*
>   *En capuchon noir.*

Le chef-d'œuvre de ce genre est dans ces strophes d'une
Bonne fortune :

> S'il venait à passer, sous ces grands marronniers,
> Quelque alerte beauté de l'école flamande,
> Une ronde fillette échappée à Téniers,
> Ou quelque ange pensif de candeur allemande :
> Une vierge en or fin d'un livre de légende,
> Dans un flot de velours traînant ses petits pieds ;
>
> Elle viendrait par là, de cette sombre allée,
> Marchant à pas de biche avec un air boudeur,
> Écoutant murmurer le vent dans la feuillée,
> De paresse amoureuse et de langueur voilée,
> Dans ses doigts inquiets tourmentant une fleur,
> Le printemps sur la joue et le ciel dans le cœur.

Parlera-t-on maintenant de l'esprit que Musset déploie en
ses vers. Verlaine, dans son *Art poétique*, a eu beau appeler
l'esprit « ail de basse cuisine » ; il serait bien dommage que
celui de Musset manquât dans notre poésie. Il y a semé
quantité de vers proverbes que chacun connaît et cite. Je
prends au hasard :

> Mon verre n'est pas grand, mais je bois dans mon verre.
>
> Qu'importe le flacon, pourvu qu'on ait l'ivresse.
>
> ... Croire que l'on tient les pommes d'Hespérides
> Et presser tendrement un navet sur son cœur !
>
> Les tartufes de mœurs, comédiens insolents,
> Qui mettent leurs vertus en mettant leurs gants blancs.
>
> Nu comme le discours d'un académicien.
>
> C'est imiter quelqu'un que de planter des choux.
>
> Il faut être ignorant comme un maître d'école.
>
> Je suis venu trop tard dans un monde trop vieux.
>
> L'homme est un apprenti, la douleur est son maître, etc.

Esprit, grâce, jeunesse, passion brûlante, éblouissante
fantaisie, tout cela émaille l'œuvre, pétille au travers, et
fait de Musset, sinon le plus grand poète du XIXe siècle, du

moins le plus éminemment français que nous ayons eu
depuis La Fontaine. Déjà, de son vivant, Henri Heine l'appelait «le premier poète lyrique de la France », et il disait :
« La muse de la comédie l'a baisé sur les lèvres, et la muse
de la tragédie sur le cœur. » Maintenant, la postérité a ratifié
le jugement de Taine (*Littérature anglaise*), et nous ne pouvons mieux finir qu'en citant cette page qui est ce qu'on a
écrit de plus juste sur le poète des *Nuits :*

« Y eut-il jamais accent plus vibrant et plus vrai? Celui-là au moins n'a jamais menti. Il n'a dit que ce qu'il sentait,
et il l'a dit comme il le sentait. Il a pensé tout haut. Il a
fait la confession de tout le monde. On ne l'a point admiré,
on l'a aimé; c'était plus qu'un poète, c'était un homme.
Chacun retrouvait en lui ses propres sentiments, les plus
fugitifs, les plus intimes; il s'abandonnait, il se donnait, il
avait les dernières des vertus qui nous restent, la générosité
et la sincérité. Et il avait le plus précieux des dons qui
puissent séduire une civilisation vieillie, la jeunesse. Comme
il a parlé « de cette chaude jeunesse, arbre à la rude écorce,
« qui couvre tout de son ombre, horizons et chemins ! »
Avec quelle fougue a-t-il lancé et entre-choqué l'amour, la
jalousie, la soif du plaisir, toutes les impétueuses passions
qui montent avec les ondées d'un sang vierge du plus profond d'un jeune cœur! Quelqu'un les a-t-il plus ressenties?
Il en a été trop plein, il s'y est livré, il s'en est enivré... Il
a trop demandé aux choses; il a voulu d'un trait, âprement
et avidement, savourer toute la vie; il ne l'a point cueillie,
il ne l'a point goûtée; il l'a arrachée comme une grappe, et
pressée, et froissée, et tordue; et il est resté les mains
salies, aussi altéré que devant. Alors ont éclaté ces sanglots
qui ont retenti dans tous les cœurs. »

Ces sanglots, ce sont les pièces que nous donnons entièrement ci-après, parce que leur beauté ne souffre aucune coupure et qu'on ne saurait, sans maladresse, les disséquer.

Nuit de Mai.

LA MUSE.

Poète, prends ton luth et me donne un baiser ;
La fleur de l'églantier sent ses bourgeons éclore.
Le printemps naît ce soir ; les vents vont s'embraser,
Et la bergeronnette, en attendant l'aurore,
Aux premiers buissons verts commence à se poser.
Poète, prends ton luth et me donne un baiser.

LE POÈTE.

Comme il fait noir dans la vallée !
J'ai cru qu'une forme voilée
Flottait là-bas sur la forêt.
Elle sortait de la prairie ;
Son pied rasait l'herbe fleurie :
C'est une étrange rêverie ;
Elle s'efface et disparaît.

LA MUSE.

Poète, prends ton luth ; la nuit, sur la pelouse,
Balance le zéphyr dans son voile odorant.
La rose, vierge encor, se referme jalouse
Sur le frelon nacré qu'elle enivre en mourant.
Écoute ! tout se tait : songe à ta bien-aimée.
Ce soir, sous les tilleuls, à la sombre ramée
Le rayon du couchant laisse un adieu plus doux.
Ce soir, tout va fleurir : l'immortelle nature
Se remplit de parfums, d'amour et de murmure,
Comme le lit joyeux de deux jeunes époux.

LE POÈTE.

Pourquoi mon cœur bat-il si vite ?
Qu'ai-je donc en moi qui s'agite
Dont je me sens épouvanté ?
Ne frappe-t-on pas à ma porte ?
Pourquoi ma lampe à demi morte
M'éblouit-elle de clarté ?
Dieu puissant ! tout mon corps frissonne.
Qui vient ? qui m'appelle ? — Personne.
Je suis seul ; c'est l'heure qui sonne ;
O solitude ! ô pauvreté !

LA MUSE.

Poète, prends ton luth ; le vin de la jeunesse
Fermente cette nuit dans les veines de Dieu.
Mon sein est inquiet ; la volupté l'oppresse,
Et les vents altérés m'ont mis la lèvre en feu.
O paresseux enfant ! regarde, je suis belle.
Notre premier baiser, ne t'en souviens-tu pas,
Quand je te vis si pâle au toucher de mon aile,
Et que, les yeux en pleurs, tu tombas dans mes bras ?
Ah ! je t'ai consolé d'une amère souffrance !
Hélas ! bien jeune encor, tu te mourais d'amour.
Console-moi ce soir, je me meurs d'espérance ;
J'ai besoin de prier pour vivre jusqu'au jour.

LE POÈTE.

Est-ce toi dont la voix m'appelle,
O ma pauvre Muse ! est-ce toi ?
O ma fleur ! ô mon immortelle !
Seul être pudique et fidèle
Où vive encor l'amour de moi !
Oui, te voilà, c'est toi, ma blonde,
C'est toi, ma maîtresse et ma sœur !
Et je sens, dans la nuit profonde,
De ta robe d'or qui m'inonde
Les rayons glisser dans mon cœur.

LA MUSE.

Poète, prends ton luth ; c'est moi, ton immortelle,
Qui t'ai vu cette nuit triste et silencieux,
Et qui, comme un oiseau que sa couvée appelle,
Pour pleurer avec toi descends du haut des cieux.
Viens, tu souffres, ami. Quelque ennui solitaire
Te ronge, quelque chose a gémi dans ton cœur ;
Quelque amour t'est venu, comme on en voit sur terre,
Une ombre de plaisir, un semblant de bonheur.
Viens, chantons devant Dieu ; chantons dans tes pensées,
Dans tes plaisirs perdus, dans tes peines passées ;
Partons, dans un baiser, pour un monde inconnu.
Éveillons au hasard les échos de ta vie,
Parlons-nous de bonheur, de gloire et de folie,
Et que ce soit un rêve, et le premier venu.
Inventons quelque part des lieux où l'on oublie ;

Partons, nous sommes seuls, l'univers est à nous.
Voici la verte Écosse et la brune Italie,
Et la Grèce, ma mère, où le miel est si doux,
Argos, et Ptéléon, ville des hécatombes ;
Et Messa la divine, agréable aux colombes ;
Et le front chevelu du Pélion changeant ;
Et le bleu Titarèse, et le golfe d'argent
Qui montre dans ses eaux, où le cygne se mire,
La blanche Oloossone à la blanche Camyre.
Dis-moi, quel songe d'or nos chants vont-ils bercer ?
D'où vont venir les pleurs que nous allons verser ?
Ce matin, quand le jour a frappé ta paupière,
Quel séraphin pensif, courbé sur ton chevet,
Secouait des lilas dans sa robe légère,
Et te contait tout bas les amours qu'il rêvait ?
Chanterons-nous l'espoir, la tristesse ou la joie ?
Tremperons-nous de sang les bataillons d'acier ?
Suspendrons-nous l'amant sur l'échelle de soie ?
Jetterons-nous au vent l'écume du coursier ?
Dirons-nous quelle main, dans les lampes sans nombre
De la maison céleste, allume nuit et jour
L'huile sainte de vie et d'éternel amour ?
Crierons-nous à Tarquin : « Il est temps, voici l'ombre ! »
Descendrons-nous cueillir la perle au fond des mers ?
Mènerons-nous la chèvre aux ébéniers amers ?
Montrerons-nous le ciel à la Mélancolie ?
Suivrons-nous le chasseur sur les monts escarpés ?
La biche le regarde ; elle pleure et supplie ;
Sa bruyère l'attend ; ses faons sont nouveau-nés ;
Il se baisse, il l'égorge, il jette à la curée
Sur les chiens en sueur son cœur encor vivant.
Peindrons-nous une vierge à la joue empourprée,
S'en allant à la messe, un page la suivant,
Et d'un regard distrait, à côté de sa mère,
Sur sa lèvre entr'ouverte oubliant sa prière ?
Elle écoute en tremblant, dans l'écho du pilier,
Résonner l'éperon d'un hardi cavalier.
Dirons-nous aux héros des vieux temps de la France
De monter tout armés aux créneaux de leurs tours
Et de ressusciter la naïve romance
Que leur gloire oubliée apprit aux troubadours ?
Vêtirons-nous de blanc une molle élégie ?

L'homme de Waterloo nous dira-t-il sa vie,
Et ce qu'il a fauché du troupeau des humains
Avant que l'envoyé de la nuit éternelle
Vînt sur son tertre vert l'abattre d'un coup d'aile,
Et sur son cœur de fer lui croiser les deux mains !
Clouerons-nous au poteau d'une satire altière
Le nom sept fois vendu d'un pâle pamphlétaire,
Qui, poussé par la faim, du fond de son oubli,
S'en vient, tout grelottant d'envie et d'impuissance,
Sur le front du génie insulter l'espérance,
Et mordre le laurier que son souffle a sali ?
Prends ton luth ! prends ton luth ! je ne peux plus me taire.
Mon aile me soulève au souffle du printemps.
Le vent va m'emporter ; je vais quitter la terre.
Une larme de toi ! Dieu m'écoute ; il est temps.

LE POÈTE.

S'il ne te faut, ma sœur chérie,
Qu'un baiser d'une lèvre amie
Et qu'une larme de mes yeux,
Je te les donnerai sans peine ;
De nos amours qu'il te souvienne,
Si tu remontes dans les cieux.
Je ne chante ni l'espérance,
Ni la gloire ni le bonheur,
Hélas ! pas même la souffrance.
La bouche garde le silence
Pour écouter parler le cœur.

LA MUSE.

Crois-tu donc que je sois comme le vent d'automne,
Qui se nourrit de pleurs jusque sur un tombeau,
Et pour qui la douleur n'est qu'une goutte d'eau ?
O poète ! un baiser, c'est moi qui te le donne.
L'herbe que je voulais arracher de ce lieu,
C'est ton oisiveté ; ta douleur est à Dieu.
Quel que soit le souci que ta jeunesse endure,
Laisse-la s'élargir, cette sainte blessure
Que les noirs séraphins t'ont faite au fond du cœur ;
Rien ne nous rend si grands qu'une grande douleur.
Mais, pour en être atteint, ne crois pas, ô poète,

Que ta voix ici-bas doive rester muette.
Les plus désespérés sont les chants les plus beaux,
Et j'en sais d'immortels qui sont de purs sanglots.
Lorsque le pélican, lassé d'un long voyage,
Dans les brouillards du soir retourne à ses roseaux,
Ses petits affamés courent sur le rivage
En le voyant au loin s'abattre sur les eaux.
Déjà, croyant saisir et partager leur proie,
Ils courent à leur père avec des cris de joie
En secouant leurs becs sur leurs goitres hideux.
Lui, gagnant à pas lents une roche élevée,
De son aile pendante abritant sa couvée,
Pêcheur mélancolique, il regarde les cieux.
Le sang coule à longs flots de sa poitrine ouverte;
En vain il a des mers fouillé la profondeur :
L'Océan était vide et la plage déserte ;
Pour toute nourriture il apporte son cœur.
Sombre et silencieux, étendu sur la pierre,
Partageant à ses fils ses entrailles de père,
Dans son amour sublime il berce sa douleur,
Et, regardant couler sa sanglante mamelle,
Sur son festin de mort il s'affaisse et chancelle,
Ivre de volupté, de tendresse et d'horreur.
Mais parfois, au milieu du divin sacrifice,
Fatigué de mourir dans un trop long supplice,
Il craint que ses enfants ne le laissent vivant ;
Alors il se soulève, ouvre son aile au vent,
Et se frappant le cœur avec un cri sauvage,
Il pousse dans la nuit un si funèbre adieu,
Que les oiseaux des mers désertent le rivage,
Et que le voyageur attardé sur la plage,
Sentant passer la mort, se recommande à Dieu.
Poète, c'est ainsi que font les grands poètes.
Ils laissent s'égayer ceux qui vivent un temps ;
Mais les festins humains qu'ils servent à leurs fêtes
Ressemblent la plupart à ceux des pélicans.
Quand ils parlent ainsi d'espérances trompées,
De tristesse et d'oubli, d'amour et de malheur,
Ce n'est pas un concert à dilater le cœur.
Leurs déclamations sont comme des épées :
Elles tracent dans l'air un cercle éblouissant,
Mais il y pend toujours quelque goutte de sang.

MUSSET   3

LE POÈTE.

O Muse ! spectre insatiable,
Ne m'en demande pas si long.
L'homme n'écrit rien sur le sable
A l'heure où passe l'aquilon.
J'ai vu le temps où ma jeunesse
Sur mes lèvres était sans cesse
Prête à chanter comme un oiseau ;
Mais j'ai souffert un dur martyre,
Et le moins que j'en pourrais dire,
Si je l'essayais sur ma lyre,
La briserait comme un roseau.

Mai 1835.

Nuit de Décembre.

LE POÈTE.

Du temps que j'étais écolier,
Je restais un soir à veiller
Dans notre salle solitaire.
Devant ma table vint s'asseoir
Un pauvre enfant vêtu de noir,
Qui me ressemblait comme un frère.

Son visage était triste et beau :
A la lueur de mon flambeau,
Dans mon livre ouvert il vint lire.
Il pencha son front sur ma main
Et resta jusqu'au lendemain,
Pensif, avec un doux sourire.

Comme j'allais avoir quinze ans,
Je marchais un jour à pas lents,
Dans un bois, sur une bruyère.
Au pied d'un arbre vint s'asseoir
Un jeune homme vêtu de noir,
Qui me ressemblait comme un frère.

Je lui demandai mon chemin ;
Il tenait un luth d'une main,

De l'autre un bouquet d'églantine.
Il me fit un salut d'ami
Et, se détournant à demi,
Me montra du doigt la colline.

A l'âge où l'on croit à l'amour,
J'étais seul dans ma chambre un jour,
Pleurant ma première misère.
Au coin de mon feu vint s'asseoir
Un étranger vêtu de noir,
Qui me ressemblait comme un frère.

Il était morne et soucieux ;
D'une main il montrait les cieux
Et de l'autre il tenait un glaive.
De ma peine il semblait souffrir,
Mais il ne poussa qu'un soupir
Et s'évanouit comme une rêve.

A l'âge où l'on est libertin,
Pour boire un toast en un festin,
Un jour je soulevai mon verre.
En face de moi vint s'asseoir
Un convive vêtu de noir,
Qui me ressemblait comme un frère.

Il secouait sous son manteau
Un haillon de pourpre en lambeau,
Sur sa tête un myrte stérile,
Son bras maigre cherchait le mien,
Et mon verre, en touchant le sien,
Se brisa dans ma main débile.

Un an après, il était nuit,
J'étais à genoux près du lit
Où venait de mourir mon père.
Au chevet du lit vint s'asseoir
Un orphelin vêtu de noir,
Qui me ressemblait comme un frère.

Ses yeux étaient noyés de pleurs ;
Comme les anges de douleurs,
Il était couronné d'épine ;
Son luth à terre était gisant,

Sa pourpre de couleur de sang
Et son glaive dans sa poitrine.

Je m'en suis si bien souvenu,
Que je l'ai toujours reconnu
A tous les instants de ma vie.
C'est une étrange vision ;
Et cependant, ange ou démon,
J'ai vu partout cette ombre amie.

Lorsque plus tard, las de souffrir,
Pour renaître ou pour en finir,
J'ai voulu m'exiler de France ;
Lorsqu'impatient de marcher,
J'ai voulu partir et chercher
Les vestiges d'une espérance ;

A Pise, au pied de l'Apennin ;
A Cologne, en face du Rhin ;
A Nice, au penchant des vallées ;
A Florence, au fond des palais ;
A Brigues, dans les vieux chalets ;
Au sein des Alpes désolées ;

A Gênes, sous les citronniers ;
A Vevey, sous les verts pommiers ;
Au Havre, devant l'Atlantique ;
A Venise, à l'affreux Lido,
Où vient sur l'herbe d'un tombeau
Mourir la pâle Adriatique ;

Partout où, sous ces vastes cieux,
J'ai lassé mon cœur et mes yeux,
Saignant d'une éternelle plaie ;
Partout où le boiteux Ennui,
Traînant ma fatigue après lui,
M'a promené sur une claie ;

Partout où, sans cesse altéré
De la soif d'un monde ignoré,
J'ai suivi l'ombre de mes songes ;
Partout où, sans avoir vécu,
J'ai revu ce que j'avais vu,
La face humaine et ses mensonges ;

Partout où, le long des chemins,
J'ai posé mon front dans mes mains
Et sangloté comme une femme ;
Partout où j'ai, comme un mouton
Qui laisse sa laine au buisson,
Senti se dénuer mon âme ;

Partout où j'ai voulu dormir,
Partout où j'ai voulu mourir,
Partout où j'ai touché la terre,
Sur ma route est venu s'asseoir
Un malheureux vêtu de noir,
Qui me ressemblait comme un frère.

Qui donc es-tu, toi que dans cette vie
Je vois toujours sur mon chemin ?
Je ne puis croire, à ta mélancolie,
Que tu sois mon mauvais Destin.
Ton doux sourire a trop de patience,
Tes larmes ont trop de pitié.
En te voyant, j'aime la Providence.
Ta douleur même est sœur de ma souffrance ;
Elle ressemble à l'amitié.

Qui donc es-tu ? — Tu n'es pas mon bon ange ;
Jamais tu ne viens m'avertir.
Tu vois mes maux (c'est une chose étrange !)
Et tu me regardes souffrir.
Depuis vingt ans tu marches dans ma voie,
Et je ne saurais t'appeler.
Qui donc es-tu, si c'est Dieu qui t'envoie ?
Tu me souris sans partager ma joie,
Tu me plains sans me consoler !

Ce soir encor je t'ai vu m'apparaître.
C'était par une triste nuit.
L'aile des vents battait à ma fenêtre ;
J'étais seul, courbé sur mon lit.
J'y regardais une place chérie,
Tiède encor d'un baiser brûlant ;
Et je songeais comme la femme oublie,
Et je sentais un lambeau de ma vie,
Qui se déchirait lentement.

Je rassemblais des lettres de la veille,
  Des cheveux, des débris d'amour.
Tout ce passé me criait à l'oreille
  Ses éternels serments d'un jour.
Je contemplais ces reliques sacrées
  Qui me faisaient trembler la main :
Larmes du cœur par le cœur dévorées,
Et que les yeux qui les avaient pleurées
  Ne reconnaîtront plus demain !

J'enveloppais dans un morceau de bure
  Ces ruines des jours heureux.
Je me disais qu'ici-bas ce qui dure,
  C'est une mèche de cheveux.
Comme un plongeur dans une mer profonde,
  Je me perdais dans tant d'oubli.
De tous côtés j'y retournais la sonde,
Et je pleurais seul, loin des yeux du monde,
  Mon pauvre amour enseveli.

J'allais poser le sceau de cire noire
  Sur ce fragile et cher trésor.
J'allais le rendre, et, n'y pouvant pas croire,
  En pleurant j'en doutais encor.
Ah ! faible femme, orgueilleuse insensée,
  Malgré toi tu t'en souviendras !
Pourquoi, grand Dieu ! mentir à sa pensée ?
Pourquoi ces pleurs, cette gorge oppressée,
  Ces sanglots, si tu n'aimais pas ?

Oui, tu languis, tu souffres et tu pleures ;
  Mais ta chimère est entre nous.
Eh bien, adieu ! Vous compterez les heures
  Qui me sépareront de vous.
Partez, partez, et dans ce cœur de glace
  Emportez l'orgueil satisfait.
Je sens encor le mien jeune et vivace,
Et bien des maux pourront y trouver place
  Sur le mal que vous m'avez fait.

Partez, partez ! la Nature immortelle
  N'a pas tout voulu vous donner.
Ah ! pauvre enfant, qui voulez être belle,
  Et ne savez pas pardonner !

Allez, allez, suivez la destinée ;
  Qui vous perd n'a pas tout perdu.
Jetez au vent notre amour consumée ; —
Éternel Dieu ! toi que j'ai tant aimée,
  Si tu pars, pourquoi m'aimes-tu ?

Mais tout à coup j'ai vu dans la nuit sombre
  Une forme glisser sans bruit.
Sur mon rideau j'ai vu passer une ombre ;
  Elle vient s'asseoir sur mon lit.
Qui donc es-tu, morne et pâle visage,
  Sombre portrait vêtu de noir ?
Que me veux-tu, triste oiseau de passage ?
Est-ce un vain rêve ? est-ce ma propre image
  Que j'aperçois dans ce miroir ?

Qui donc es-tu, spectre de ma jeunesse,
  Pèlerin que rien a lassé ?
Dis-moi pourquoi je te trouve sans cesse
  Assis dans l'ombre où j'ai passé.
Qui donc es-tu, visiteur solitaire,
  Hôte assidu de mes douleurs ?
Qu'as-tu donc fait pour me suivre sur terre ?
Qui donc es-tu, qui donc es-tu, mon frère,
  Qui n'apparais qu'au jour des pleurs ?

LA VISION.

— Ami, notre père est le tien.
Je ne suis ni l'ange gardien,
Ni le mauvais destin des hommes.
Ceux que j'aime, je ne sais pas
De quel côté s'en vont leurs pas
Sur ce peu de fange où nous sommes.

Je ne suis ni dieu ni démon,
Et m'as nommé par mon nom
Quand tu m'as appelé ton frère ;
Où tu vas, j'y serai toujours,
Jusques au dernier de tes jours,
Où j'irai m'asseoir sur ta pierre.

Le ciel m'a confié ton cœur.
Quand tu seras dans la douleur,

> Viens à moi sans inquiétude,
> Je te suivrai sur le chemin ;
> Mais je ne puis toucher ta main ;
> Ami, je suis la Solitude.

Novembre 1835

Nuit d'Août.

LA MUSE.

Depuis que le soleil, dans l'horizon immense,
A franchi le Cancer sur son axe enflammé,
Le bonheur m'a quittée, et j'attends en silence
L'heure où m'appellera mon ami bien-aimé.
Hélas ! depuis longtemps sa demeure est déserte ;
Des beaux jours d'autrefois rien n'y semble vivant.
Seule, je viens encor, de mon voile couverte,
Poser mon front brûlant sur sa porte entr'ouverte,
Comme une veuve en pleurs au tombeau d'un enfant.

LE POÈTE.

> Salut à ma fidèle amie !
> Salut, ma gloire et mon amour !
> La meilleure et la plus chérie
> Est celle qu'on trouve au retour.
> L'opinion et l'avarice
> Viennent un temps de m'emporter.
> Salut, ma mère et ma nourrice !
> Salut, salut, consolatrice !
> Ouvre tes bras, je viens chanter.

LA MUSE.

Pourquoi, cœur ulcéré, cœur lassé d'espérance,
T'enfuis-tu si souvent pour revenir si tard ?
Que t'en vas-tu chercher, sinon quelque hasard ?
Et que rapportes-tu, sinon quelque souffrance ?
Que fais-tu loin de moi, quand j'attends jusqu'au jour ?
Tu suis un pâle éclair dans une nuit profonde.
Il ne te restera de tes plaisirs du monde
Qu'un impuissant mépris pour notre honnête amour.
Ton cabinet d'étude est vide quand j'arrive ;
Tandis qu'à ce balcon, inquiète et pensive,

Je regarde en rêvant les murs de ton jardin,
Tu te livres dans l'ombre à ton mauvais destin.
Quelque fière beauté te retient dans sa chaîne,
Et tu laisses mourir cette pauvre verveine
Dont les derniers rameaux, en des temps plus heureux,
Devraient être arrosés des larmes de tes yeux.
Cette triste verdure est mon vivant symbole ;
Ami, de ton oubli nous mourrons toutes deux,
Et son parfum léger, comme l'oiseau qui vole,
Avec mon souvenir s'enfuira dans les cieux.

LE POÈTE.

Quand j'ai passé par la prairie,
J'ai vu, ce soir, dans le sentier,
Une fleur tremblante et flétrie,
Une pâle fleur d'églantier.
Un bourgeon vert à côté d'elle
Se balançait sur l'arbrisseau ;
J'y vis poindre une fleur nouvelle ;
La plus jeune était la plus belle :
L'homme est ainsi, toujours nouveau.

LA MUSE.

Hélas ! toujours un homme, hélas ! toujours des larmes !
Toujours les pieds poudreux et la sueur au front !
Toujours d'affreux combats et de sanglantes armes ;
Le cœur a beau mentir, la blessure est au fond.
Hélas ! par tous pays, toujours la même vie :
Convoiter, regretter, prendre et tendre la main ;
Toujours mêmes acteurs et même comédie,
Et, quoi qu'ait inventé l'humaine hypocrisie,
Rien de vrai là-dessous que le squelette humain.
Hélas ! mon bien-aimé, vous n'êtes plus poète.
Rien ne réveille plus votre lyre muette ;
Vous vous noyez le cœur dans un rêve inconstant ;
Et vous ne savez pas que l'amour de la femme
Change et dissipe en pleurs les trésors de votre âme
Et que Dieu compte plus les larmes que le sang.

LE POÈTE.

Quand j'ai traversé la vallée,
Un oiseau chantait sur son nid.
Ses petits, sa chère couvée,
Venaient de mourir dans la nuit.

Cependant il chantait l'aurore ;
O ma Muse ! ne pleurez pas :
A qui perd tout, Dieu reste encore,
Dieu là-haut, l'espoir ici-bas.

LA MUSE.

Et que trouveras-tu, le jour où la misère
Te ramènera seul au paternel foyer ?
Quand tes tremblantes mains essuieront la poussière
De ce pauvre réduit que tu crois oublier,
De quel front viendras-tu, dans ta propre demeure,
Chercher un peu de calme et d'hospitalité ?
Une voix sera là pour crier à toute heure :
Qu'as-tu fait de ta vie et de ta liberté ?
Crois-tu donc qu'on oublie autant qu'on le souhaite ?
Crois-tu qu'en te cherchant tu te retrouveras ?
De ton cœur ou de toi lequel est le poète ?
C'est ton cœur, et ton cœur ne te répondra pas.
L'amour l'aura brisé ; les passions funestes
L'auront rendu de pierre au contact des méchants ;
Tu n'en sentiras plus que d'effroyables restes
Qui remueront encor, comme ceux des serpents.
O ciel ! qui t'aidera ? Que ferai-je moi-même
Quand celui qui peut tout défendra que je t'aime
Et quand mes ailes d'or, frémissant malgré moi,
M'emporteront à lui pour me sauver de toi ?
Pauvre enfant ! nos amours n'étaient pas menacées
Quand dans les bois d'Auteuil, perdu dans tes pensées,
Sous les verts marronniers et les peupliers blancs,
Je t'agaçais le soir en détours nonchalants.
Ah ! j'étais jeune alors et nymphe, et les dryades
Entr'ouvraient pour me voir l'écorce des bouleaux.
Et les pleurs qui coulaient durant nos promenades
Tombaient, purs comme l'or, dans le cristal des eaux.
Qu'as-tu fait, mon amant, des jours de ta jeunesse ?
Qui m'a cueilli mon fruit sur mon arbre enchanté ?
Hélas ! ta joue en fleur plaisait à la déesse
Qui porte dans ses mains la force et la santé.
De tes yeux insensés les larmes l'ont pâlie ;
Ainsi que ta beauté, tu perdras ta vertu.
Et moi qui t'aimerai comme une unique amie,
Quand les dieux irrités m'ôteront ton génie,
Si je tombe des cieux, que me répondras-tu ?

LE POÈTE.

Puisque l'oiseau des bois voltige et chante encore
Sur la branche où ses œufs sont brisés dans le nid ;
Puisque la fleur des champs entr'ouverte à l'aurore,
Voyant sur la pelouse une autre fleur éclore,
S'incline sans murmure et tombe avec la nuit ;

Puisqu'au fond des forêts, sous les toits de verdure,
On entend le bois mort craquer dans le sentier,
Et puisqu'en traversant l'immortelle nature,
L'homme n'a su trouver de science qui dure,
Que de marcher toujours et toujours oublier ;

Puisque, jusqu'aux rochers, tout se change en poussière,
Puisque tout meurt ce soir pour revivre demain ;
Puisque c'est un engrais que le meurtre et la guerre ;
Puisque sur une tombe on voit sortir de terre
Le brin d'herbe sacré qui nous donne le pain ;

O Muse ! que m'importe ou la mort ou la vie ?
J'aime, et je veux pâlir ; j'aime, et je veux souffrir ;
J'aime, et pour un baiser je donne mon génie ;
J'aime, et je veux sentir sur ma joue amaigrie
Ruisseler une source impossible à tarir.

J'aime, et je veux chanter la joie et la paresse,
Ma folle expérience et mes soucis d'un jour,
Et je veux raconter et répéter sans cesse
Qu'après avoir juré de vivre sans maîtresse,
J'ai fait serment de vivre et de mourir d'amour.

Dépouille devant tous l'orgueil qui te dévore,
Cœur gonflé d'amertume et qui t'es cru fermé.
Aime, et tu renaîtras ; fais-toi fleur pour éclore.
Après avoir souffert, il faut souffrir encore ;
Il faut aimer sans cesse, après avoir aimé.

Août 1836.

Nuit d'Octobre.

LE POÈTE.

Le mal dont j'ai souffert s'est enfui comme un rêve ;
Je n'en puis comparer le lointain souvenir
Qu'à ces brouillards légers que l'aurore soulève,
Et qu'avec la rosée on voit s'évanouir.

LA MUSE.

Qu'aviez-vous donc, ô mon poète ?
Et quelle est la peine secrète
Qui de moi vous a séparé ?
Hélas ! je m'en ressens encore.
Quel est donc ce mal que j'ignore
Et dont j'ai si longtemps pleuré ?

LE POÈTE.

C'était un mal vulgaire et bien connu des hommes ;
Mais, lorsque nous avons quelque ennui dans le cœur,
Nous nous imaginons, pauvres fous que nous sommes,
Que personne avant nous n'a senti la douleur.

LA MUSE.

Il n'est de vulgaire chagrin
Que celui d'une âme vulgaire.
Ami, que ce triste mystère
S'échappe aujourd'hui de ton sein.
Crois-moi, parle avec confiance :
Le sévère dieu du silence
Est un des frères de la Mort ;
En se plaignant, on se console,
Et quelquefois une parole
Nous a délivrés d'un remord.

LE POÈTE.

S'il fallait maintenant parler de ma souffrance,
Je ne sais trop quel nom elle devrait porter,
Si c'est amour, folie, orgueil, expérience,
Ni si personne au monde en pourrait profiter.
Je veux bien toutefois en raconter l'histoire,
Puisque nous voilà seuls, assis près du foyer.
Prends cette lyre, approche, et laisse ma mémoire
Au son de tes accords doucement s'éveiller.

LA MUSE.

Avant de me dire ta peine,
O poète ! en es-tu guéri ?
Songe qu'il t'en faut aujourd'hui
Parler sans amour et sans haine
S'il te souvient que j'ai reçu
Le doux nom de consolatrice,
Ne fais pas de moi la complice
Des passions qui t'ont perdu.

LE POÈTE.

Je suis si bien guéri de cette maladie,
Que j'en doute parfois lorsque j'y veux songer ;
Et quand je pense aux lieux où j'ai risqué ma vie,
J'y crois voir à ma place un visage étranger.
Muse, sois donc sans crainte ; au souffle qui t'inspire
Nous pouvons sans péril tous deux nous confier.
Il est doux de pleurer, il est doux de sourire
Au souvenir des maux qu'on pourrait oublier.

LA MUSE.

Comme une mère vigilante
Au berceau d'un fils bien-aimé,
Ainsi je me penche tremblante
Sur ce cœur qui m'était fermé.
Parle, ami, — ma lyre attentive
D'une note faible et plaintive
Suit déjà l'accent de ta voix,
Et dans un rayon de lumière,
Comme une vision légère,
Passent les ombres d'autrefois.

LE POÈTE.

Jours de travail ! seuls jours où j'ai vécu !
   O trois fois chère solitude !
Dieu soit loué, j'y suis donc revenu,
   A ce vieux cabinet d'étude !
Pauvre réduit, murs tant de fois déserts,
   Fauteuils poudreux, lampe fidèle,
O mon palais, mon petit univers,
   Et toi, Muse, ô jeune immortelle,
Dieu soit loué, nous allons donc chanter !
   Oui, je veux ouvrir mon âme,

Vous saurez tout, et je vais vous conter
  Le mal que peut faire une femme;
Car c'en est une, ô mes pauvres amis
  (Hélas! vous le saviez peut-être!)
C'est une femme à qui je fus soumis
  Comme le serf l'est à son maître.
Joug détesté! c'est par là que mon cœur
  Perdit sa force et sa jeunesse; —
Et cependant, auprès de ma maîtresse,
  J'avais entrevu le bonheur.
Près du ruisseau, quand nous marchions ensemble,
  Le soir sur le sable argentin,
Quand devant nous le blanc spectre du tremble
  De loin nous montrait le chemin;
Je vois encore, aux rayons de la lune,
  Ce beau corps plier dans mes bras...
N'en parlons plus... — je ne prévoyais pas
  Où me conduirait la Fortune.
Sans doute alors la colère des dieux
  Avait besoin d'une victime;
Car elle m'a puni comme d'un crime
  D'avoir essayé d'être heureux.

LA MUSE.

L'image d'un doux souvenir
Vient de s'offrir à ta pensée.
Sur la trace qu'il a laissée
Pourquoi crains-tu de revenir?
Est-ce faire un récit fidèle
Que de renier ses beaux jours?
Si ta fortune fut cruelle,
Jeune homme, fais du moins comme elle,
Souris à tes premiers amours.

LE POÈTE.

Non, — c'est à mes malheurs que je prétends sourire.
Muse, je te l'ai dit : je veux, sans passion,
Te conter mes ennuis, mes rêves, mon délire,
Et t'en dire le temps, l'heure et l'occasion.
C'était, il m'en souvient, par une nuit d'automne,
Triste et froide, à peu près semblable à celle-ci;
Le murmure du vent, de son bruit monotone,
Dans mon cerveau lassé berçait mon noir souci.

J'étais à la fenêtre, attendant ma maîtresse ;
Et, tout en écoutant dans cette obscurité,
Je me sentais dans l'âme une telle détresse,
Qu'il me vint le soupçon d'une infidélité.
La rue où je logeais était sombre et déserte ;
Quelques ombres passaient, un falot à la main ;
Quand la bise soufflait dans la porte entr'ouverte,
On entendait de loin comme un soupir humain.
Je ne sais, à vrai dire, à quel fâcheux présage
Mon esprit inquiet alors s'abandonna.
Je rappelais en vain un reste de courage
Et me sentis frémir lorsque l'heure sonna.
Elle ne venait pas. Seul, la tête baissée,
Je regardai longtemps les murs et le chemin, —
Et je ne t'ai pas dit quelle ardeur insensée
Cette inconstante femme allumait dans mon sein ;
Je n'aimais qu'elle au monde, et vivre un jour sans elle
Me semblait un destin plus affreux que la mort.
Je me souviens pourtant qu'en cette nuit cruelle
Pour briser mon lien je fis un long effort.
Je la nommai cent fois perfide et déloyale,
Je comptais tous les maux qu'elle m'avait causés.
Hélas ! au souvenir de sa beauté fatale,
Quels maux et quels chagrins n'étaient pas apaisés !
Le jour parut enfin. — Las d'une vaine attente,
Sur le bord du balcon je m'étais assoupi ;
Je rouvris la paupière à l'aurore naissante,
Et je laissai flotter mon regard ébloui.
Tout à coup, au détour de l'étroite ruelle,
J'entends sur le gravier marcher à petit bruit...
Grand Dieu ! préservez-moi ! je l'aperçois, c'est elle ;
Elle entre. — D'où viens-tu ? qu'as-tu fait cette nuit ?
Réponds, que me veux-tu ? qui t'amène à cette heure ?
Ce beau corps, jusqu'au jour, où s'est-il étendu ?
Tandis qu'à ce balcon, seul, je veille et je pleure,
En quel lieu, dans quel lit, à qui souriais-tu ?
Perfide ! audacieuse ! est-il encor possible
Que tu viennes offrir ta bouche à mes baisers ?
Que demandes-tu donc ? par quelle soif horrible
Oses-tu m'attirer dans tes bras épuisés ?
Va-t'en, retire-toi, spectre de ma maîtresse !
Rentre dans ton tombeau, si tu t'en es levé ;

Laisse-moi pour toujours oublier ma jeunesse,
Et, quand je pense à toi, croire que j'ai rêvé !

LA MUSE.

Apaise-toi, je t'en conjure ;
Tes paroles m'ont fait frémir.
O mon bien-aimé ! ta blessure
Est encor prête à se rouvrir.
Hélas ! elle est donc bien profonde ?
Et les misères de ce monde
Sont si lentes à s'effacer !
Oublie, enfant, et de ton âme
Chasse le nom de cette femme,
Que je ne veux pas prononcer.

LE POÈTE.

Honte à toi qui la première
M'as appris la trahison,
Et d'horreur et de colère
M'as fait perdre la raison !
Honte à toi, femme à l'œil sombre,
Dont les funestes amours
Ont enseveli dans l'ombre
Mon printemps et mes beaux jours !
C'est ta voix, c'est ton sourire,
C'est ton regard corrupteur,
Qui m'ont appris à maudire
Jusqu'au semblant du bonheur ;
C'est ta jeunesse et tes charmes
Qui m'ont fait désespérer,
Et si je doute des larmes,
C'est que je t'ai vu pleurer.
Honte à toi, j'étais encore
Aussi simple qu'un enfant ;
Comme une fleur à l'aurore,
Mon cœur s'ouvrait en t'aimant.
Certes, ce cœur sans défense
Put sans peine être abusé ;
Mais lui laisser l'innocence
Était encor plus aisé.
Honte à toi ! tu fus la mère
De mes premières douleurs,

Et tu fis de ma paupière
Jaillir la source des pleurs !
Elle coule, sois-en sûre,
Et rien ne la tarira ;
Elle sort d'une blessure
Qui jamais ne guérira ;
Mais dans cette source amère
Du moins je me laverai,
Et j'y laisserai, j'espère,
Ton souvenir abhorré !

LA MUSE.

Poète, c'est assez. Auprès d'une infidèle,
Quand ton illusion n'aurait duré qu'un jour,
N'outrage pas ce jour lorsque tu parles d'elle ;
Si tu veux être aimé, respecte ton amour.
Si l'effort est trop grand pour la faiblesse humaine
De pardonner les maux qui nous viennent d'autrui,
Épargne-toi du moins le tourment de la haine ;
A défaut de pardon, laisse venir l'oubli.
Les morts dorment en paix dans le sein de la terre :
Ainsi doivent dormir nos sentiments éteints.
Ces reliques du cœur ont aussi leur poussière ;
Sur leurs restes sacrés ne portons pas les mains.
Pourquoi, dans ce récit d'une vive souffrance,
Ne veux-tu voir qu'un rêve et qu'un amour trompé ?
Est-ce donc sans motif qu'agit la Providence ?
Et crois-tu donc distrait le Dieu qui t'a frappé ?
Le coup dont tu te plains t'a préservé peut-être,
Enfant ; car c'est par là que ton cœur s'est ouvert.
L'homme est un apprenti, la douleur est son maître,
Et nul ne se connaît tant qu'il n'a pas souffert.
C'est une dure loi, mais une loi suprême,
Vieille comme le monde et la fatalité,
Qu'il nous faut du malheur recevoir le baptême
Et qu'à ce triste prix tout doit être acheté.
Les moissons, pour mûrir, ont besoin de rosée ;
Pour vivre et pour sentir, l'homme a besoin des pleurs ;
La joie a pour symbole une plante brisée,
Humide encor de pluie et couverte de fleurs.
Ne te disais-tu pas guéri de ta folie ?
N'es-tu pas jeune, heureux, partout le bienvenu,

Et ces plaisirs légers qui font aimer la vie,
Si tu n'avais pleuré, quel cas en ferais-tu ?
Lorsqu'au déclin du jour, assis sur la bruyère,
Avec un vieil ami tu bois en liberté,
Dis-moi, d'aussi bon cœur lèverais-tu ton verre
Si tu n'avais senti le prix de la gaîté ?
Aimerais-tu les fleurs, les prés et la verdure,
Les sonnets de Pétrarque et le chant des oiseaux,
Michel-Ange et les arts, Shakspeare et la nature,
Si tu n'y retrouvais quelques anciens sanglots ?
Comprendrais-tu des cieux l'ineffable harmonie,
Le silence des nuits, le murmure des flots,
Si quelque part là-bas la fièvre et l'insomnie
Ne t'avaient fait songer à l'éternel repos ?
N'as-tu pas maintenant une belle maîtresse ?
Et, lorsqu'en t'endormant, tu lui serres la main,
Le lointain souvenir des maux de ta jeunesse
Ne rend-il pas plus doux son sourire divin ?
N'allez-vous pas aussi vous promener ensemble
Au fond des bois fleuris, sur le sable argentin ?
Et, dans ce vert palais, le blanc spectre du tremble
Ne sait-il plus, le soir, vous montrer le chemin ?
Ne vois-tu pas alors, aux rayons de la lune,
Plier comme autrefois un beau corps dans tes bras ?
Et, si dans le sentier tu trouvais la Fortune,
Derrière elle, en chantant, ne marcherais-tu pas !
De quoi te plains-tu donc ? L'immortelle espérance
S'est retrempée en toi sous la main du malheur.
Pourquoi veux-tu haïr ta jeune expérience
Et détester un mal qui t'a rendu meilleur ?
O mon enfant ! plains-la, cette belle infidèle,
Qui fit couler jadis les larmes de tes yeux ;
Plains-la ! c'est une femme, et Dieu t'a fait, près d'elle,
Deviner, en souffrant, le secret des heureux.
Sa tâche fut pénible ; elle t'aimait peut-être ;
Mais le destin voulait qu'elle brisât ton cœur.
Elle savait la vie, et te l'a fait connaître ;
Une autre a recueilli le fruit de ta douleur.
Plains-la ! son triste amour a passé comme un songe ;
Elle a vu ta blessure et n'a pu la fermer.
Dans ses larmes, crois-moi, tout n'était pas mensonge.
Quand tout l'aurait été, plains-la ! tu sais aimer.

LE POÈTE.

Tu dis vrai : la haine est impie,
Et c'est un frisson plein d'horreur
Quand cette vipère assoupie
Se déroule dans notre cœur.
Écoute-moi donc, ô déesse !
Et sois témoin de mon serment :
Par les yeux bleus de ma maîtresse
Et par l'azur du firmament ;
Par cette étincelle brillante
Qui de Vénus porte le nom
Et, comme une perle tremblante,
Scintille au loin sur l'horizon ;
Par la grandeur de la nature,
Par la bonté du Créateur,
Par la clarté tranquille et pure
De l'astre cher au voyageur,
Par les herbes de la prairie,
Par les forêts, par les prés verts,
Par la puissance de la vie,
Par la sève de l'univers,
Je te bannis de ma mémoire,
Reste d'un amour insensé,
Mystérieuse et sombre histoire
Qui dormiras dans le passé !
Et toi qui, jadis, d'une amie
Portas la forme et le doux nom,
L'instant suprême où je t'oublie
Doit être celui du pardon.
Pardonnons-nous ; — je romps le charme
Qui nous unissait devant Dieu.
Avec une dernière larme
Reçois un éternel adieu.
— Et maintenant, blonde rêveuse,
Maintenant, Muse, à nos amours !
Dis-moi quelque chanson joyeuse
Comme au premier temps des beaux jours.
Déjà la pelouse embaumée
Sent les approches du matin ;
Viens éveiller ma bien-aimée
Et cueillir les fleurs du jardin.

> Viens voir la nature immortelle
> Sortir des voiles du sommeil ;
> Nous allons renaître avec elle
> Au premier rayon du soleil !

Octobre 1837.

Stances à la Malibran.

I

Sans doute il est trop tard pour parler encor d'elle ;
Depuis qu'elle n'est plus quinze jours sont passés,
Et dans ce pays-ci quinze jours, je le sais,
Font d'une mort récente une vieille nouvelle.
De quelque nom d'ailleurs que le regret s'appelle,
L'homme, par tout pays, en a bien vite assez.

II

O Maria-Félicia ! le peintre et le poète
Laissent, en expirant, d'immortels héritiers ;
Jamais l'affreuse nuit ne les prend tout entiers.
A défaut d'action, leur grande âme inquiète
De la mort et du temps entreprend la conquête,
Et, frappés dans la lutte, ils tombent en guerriers.

III

Celui-là sur l'airain a gravé sa pensée ;
Dans un rythme doré l'autre l'a cadencée ;
Du moment qu'on l'écoute, on lui devient ami.
Sur sa toile, en mourant, Raphaël l'a laissée ;
Et, pour que le néant ne touche point à lui,
C'est assez d'un enfant sur sa mère endormi.

IV

Comme dans une lampe une flamme fidèle,
Au fond du Parthénon le marbre inhabité
Garde de Phidias la mémoire éternelle,
Et la jeune Vénus, fille de Praxitèle,
Sourit encor, debout dans sa divinité,
Aux siècles impuissants qu'a vaincus sa beauté.

V

Recevant d'âge en âge une nouvelle vie,
Ainsi s'en vont à Dieu les gloires d'autrefois ;
Ainsi le vaste écho de la voix du génie
Devient du genre humain l'universelle voix...
Et de toi, morte hier, de toi, pauvre Marie,
Au fond d'une chapelle il nous reste une croix !

VI

Une croix ! et l'oubli, la nuit et le silence !
Écoutez ! c'est le vent, c'est l'Océan immense ;
C'est un pêcheur qui chante au bord du grand chemin.
Et de tant de beauté, de gloire et d'espérance,
De tant d'accords si doux d'un instrument divin,
Pas un faible soupir, pas un écho lointain !

VII

Une croix ! et ton nom écrit sur une pierre,
Non pas même le tien, mais celui d'un époux.
Voilà ce qu'après toi tu laisses sur la terre ;
Et ceux qui t'iront voir à ta maison dernière,
N'y trouvant pas ce nom qui fut aimé de nous,
Ne sauront pour prier où poser les genoux.

VIII

O Ninette ! où sont-ils, belle muse adorée,
Ces accents pleins d'amour, de charme et de terreur,
Qui voltigeaient le soir sous ta lèvre inspirée,
Comme un parfum léger sur l'aubépine en fleur ?
Où vibre maintenant cette voix éplorée,
Cette harpe vivante attachée à ton cœur ?

IX

N'était-ce pas hier, fille joyeuse et folle,
Que ta verve railleuse animait Corilla
Et que tu nous lançais avec la Rosina
La roulade amoureuse et l'œillade espagnole ?
Ces pleurs sur tes bras nus, quand tu chantais *le Saule*,
N'était-ce pas hier, pâle Desdemona ?

X

N'était-ce pas hier qu'à la fleur de ton âge
Tu traversais l'Europe, une lyre à la main ;

Dans la mer, en riant, te jetant à la nage,
Chantant la tarentelle au ciel napolitain,
Cœur d'ange et de lion, libre oiseau de passage,
Espiègle enfant ce soir, sainte artiste demain ?

XI

N'était-ce pas hier qu'enivrée et bénie
Tu traînais à ton char un peuple transporté,
Et que Londre et Madrid, la France et l'Italie,
Apportaient à tes pieds cet or tant convoité,
Cet or deux fois sacré qui payait ton génie
Et qu'à tes pieds souvent laissa ta charité ?

XII

Qu'as-tu fait pour mourir, ô noble créature,
Belle image de Dieu, qui donnais en chemin
Au riche un peu de joie, au malheureux du pain ?
Ah ! qui donc frappe ainsi dans la mère nature,
Et quel faucheur aveugle, affamé de pâture,
Sur les meilleurs de nous ose porter la main ?

XIII

Ne suffit-il donc pas à l'ange des ténèbres
Qu'à peine de ce temps il nous reste un grand nom ?
Que Géricault, Cuvier, Schiller, Gœthe et Byron
Soient endormis d'hier sous les dalles funèbres,
Et que nous ayons vu tant d'autres morts célèbres
Dans l'abîme entr'ouvert suivre Napoléon ?

XIV

Nous faut-il perdre encor nos têtes les plus chères,
Et venir en pleurant leur fermer les paupières
Dès qu'un rayon d'espoir a brillé dans leurs yeux ?
Le ciel de ses élus devient-il envieux ?
Ou faut-il croire, hélas ! ce que disaient nos pères,
Que lorsqu'on meurt si jeune on est aimé des dieux.

XV

Ah ! combien, depuis peu, sont partis pleins de vie ;
Sous les cyprès anciens, que de saules nouveaux !
La cendre de Robert à peine refroidie,
Bellini tombe et meurt ! — Une lente agonie
Traîne Carrel sanglant à l'éternel repos.
Le seuil de notre siècle est pavé de tombeaux.

XVI

Que nous restera-t-il, si l'ombre insatiable,
Dès que nous bâtissons, vient tout ensevelir ?
Nous qui sentons déjà le sol si variable
Et, sur tant de débris, marchons vers l'avenir,
Si le vent, sous nos pas, balaye ainsi le sable,
De quel deuil le Seigneur veut-il donc nous vêtir ?

XVII

Hélas ! Marietta, tu nous restais encore.
Lorsque, sur le sillon, l'oiseau chante à l'aurore,
Le laboureur s'arrête, et, le front en sueur,
Aspire dans l'air pur un souffle de bonheur.
Ainsi nous consolait ta voix fraîche et sonore,
Et tes chants dans les cieux emportaient la douleur.

XVIII

Ce qu'il nous faut pleurer sur ta tombe hâtive,
Ce n'est pas l'art divin, ni ses savants secrets :
Quelque autre étudiera cet art que tu créais ;
C'est ton âme, Ninette, et ta grandeur naïve,
C'est cette voix du cœur qui seule au cœur arrive,
Que nul autre, après toi, ne nous rendra jamais.

XIX

Ah ! tu vivrais encor sans cette âme indomptable.
Ce fut là ton seul mal, et le secret fardeau
Sous lequel ton beau corps plia comme un roseau.
Il en soutint longtemps la lutte inexorable.
C'est le Dieu tout-puissant, c'est la Muse implacable
Qui dans ses bras en feu t'a portée au tombeau.

XX

Que ne l'étouffais-tu, cette flamme brûlante
Que ton sein palpitant ne pouvait contenir !
Tu vivrais, tu verrais te suivre et t'applaudir
De ce public blasé la foule indifférente,
Qui prodigue aujourd'hui sa faveur inconstante
A des gens dont pas un, certes, n'en doit mourir.

XXI

Connaissais-tu si peu l'ingratitude humaine ?
Quel rêve as-tu donc fait de te tuer pour eux !

Quelques bouquets de fleurs te rendaient-ils si vaine,
Pour venir nous verser de vrais pleurs sur la scène,
Lorsque tant d'histrions et d'artistes fameux,
Couronnés mille fois, n'en ont pas dans les yeux ?

XXII

Que ne détournais-tu la tête pour sourire,
Comme on en use ici quand on feint d'être ému ?
Hélas ! on t'aimait tant, qu'on n'en aurait rien vu.
Quand tu chantais *le Saule*, au lieu de ce délire,
Que ne t'occupais-tu de bien porter ta lyre ?
La Pasta fait ainsi : que ne l'imitais-tu ?

XXIII

Ne savais-tu donc pas, comédienne imprudente,
Que ces cris insensés qui te sortaient du cœur
De ta joue amaigrie augmentaient la pâleur ?
Ne savais-tu donc pas que, sur ta tempe ardente,
Ta main de jour en jour se posait plus tremblante,
Et que c'est tenter Dieu que d'aimer la douleur ?

XXIV

Ne sentais-tu donc pas que ta belle jeunesse
De tes yeux fatigués s'écoulait en ruisseaux
Et de ton noble cœur s'exhalait en sanglots ?
Quand de ceux qui t'aimaient tu voyais la tristesse,
Ne sentais-tu donc pas qu'une fatale ivresse
Berçait ta vie errante à ses derniers rameaux ?

XXV

Oui, oui, tu le savais, qu'au sortir du théâtre,
Un soir dans ton linceul il faudrait te coucher.
Lorsqu'on te rapportait plus froide que l'albâtre,
Lorsque le médecin, de ta veine bleuâtre,
Regardait goutte à goutte un sang noir s'épancher,
Tu savais quelle main venait de te toucher.

XXVI

Oui, oui, tu le savais, et que, dans cette vie,
Rien n'est bon que d'aimer, n'est vrai que de souffrir.
Chaque soir dans tes chants tu te sentais pâlir.
Tu connaissais le monde, et la foule, et l'envie,
Et, dans ce corps brisé concentrant ton génie,
Tu regardais aussi la Malibran mourir.

XXVII

Meurs donc ! ta mort est douce et ta tâche est remplie.
Ce que l'homme ici-bas appelle le génie,
C'est le besoin d'aimer ; hors de là tout est vain.
Et, puisque tôt ou tard l'amour humain s'oublie,
Il est d'une grande âme et d'un heureux destin
D'expirer comme toi pour un amour divin !

Octobre 1836.

Lettre à Lamartine [1].

Lorsque le grand Byron allait quitter Ravenne
Et chercher sur les mers quelque plage lointaine
Où finir en héros son immortel ennui,
Comme il était assis aux pieds de sa maîtresse,
Pâle, et déjà tourné du côté de la Grèce,
Celle qu'il appelait alors sa Guiccioli
Ouvrit un soir un livre où l'on parlait de lui.

Avez-vous de ce temps conservé la mémoire,
Lamartine, et ces vers au prince des proscrits,
Vous souvient-il encor qui les avait écrits ?
Vous étiez jeune alors, vous, notre chère gloire,
Vous veniez d'essayer pour la première fois
Ce beau luth éploré qui vibre sous vos doigts.
La Muse que le ciel vous avait fiancée
Sur votre front rêveur cherchait votre pensée,
Vierge craintive encore, amante des lauriers.
Vous ne connaissiez pas, noble fils de la France,
Vous ne connaissiez pas, sinon par sa souffrance,
Ce sublime orgueilleux à qui vous écriviez.
De quel droit osiez-vous l'aborder et le plaindre ?
Quel aigle, Ganymède, à ce Dieu vous portait ?
Pressentiez-vous qu'un jour vous le pourriez atteindre,

---

(1) Au début de cette pièce, Musset, parlant de Byron à Lamartine, fait allusion
à la Méditation que ce dernier lui avait dédiée seize ans auparavant (*L'Homme, A
lord Byron*). Lamartine ne fit guère attention au beau poème de Musset et n'y
répondit, avec négligence, que fort longtemps après (voir aux *Nouvelles Médita-
tions*, édition Hachette) ; ce qui fit dire à Musset dans un sonnet (1850) :
           Lamartine vieilli qui me traite en enfant.

Celui qui de si haut alors vous écoutait?
Non, vous aviez vingt ans, et le cœur vous battait.
Vous aviez lu *Lara, Manfred* et *le Corsaire*,
Et vous aviez écrit sans essuyer vos pleurs ;
Le souffle de Byron vous soulevait de terre,
Et vous alliez à lui, porté par ses douleurs.
Vous appeliez de loin cette âme désolée ;
Pour grand qu'il vous parût, vous le sentiez ami,
Et, comme le torrent dans la verte vallée,
L'écho de son génie en vous avait gémi.

Et lui, lui dont l'Europe, encore toute armée,
Écoutait en tremblant les sauvages concerts ;
Lui qui depuis dix ans fuyait sa renommée
Et de sa solitude emplissait l'univers ;
Lui, le grand inspiré de la Mélancolie,
Qui, las d'être envié, se changeait en martyr ;
Lui, le dernier amant de la pauvre Italie,
Pour son dernier exil s'apprêtant à partir ;
Lui qui, rassasié de la grandeur humaine,
Comme un cygne à son chant sentant sa mort prochaine,
Sur terre autour de lui cherchait pour qui mourir...
Il écouta ces vers que lisait sa maîtresse,
Ce doux salut lointain d'un jeune homme inconnu.
Je ne sais si du style il comprit la richesse ;
Il laissa dans ses yeux sourire sa tristesse :
Ce qui venait du cœur lui fut le bienvenu.

Poète, maintenant que ta muse fidèle,
Par ton pudique amour sûre d'être immortelle,
De la verveine en fleur t'a couronné le front,
A ton tour, reçois-moi comme le grand Byron.
De t'égaler jamais je n'ai pas l'espérance ;
Ce que tu tiens du ciel nul ne me l'a promis.
Mais de ton sort au mien plus grande est la distance,
Meilleur en sera Dieu qui peut nous rendre amis.
Je ne t'adresse pas d'inutiles louanges,
Et je ne songe point que tu me répondras ;
Pour être proposés, ces illustres échanges
Veulent être signés d'un nom que je n'ai pas.
J'ai cru pendant longtemps que j'étais las du monde ;
J'ai dit que je niais, croyant avoir douté,
Et j'ai pris, devant moi, pour une nuit profonde,

Mon ombre qui passait pleine de vanité.
Poète, je t'écris pour te dire que j'aime,
Qu'un rayon de soleil est tombé jusqu'à moi,
Et qu'en un jour de deuil et de douleur suprême,
Les pleurs que je versais m'ont fait penser à toi.

Qui de nous, Lamartine, et de notre jeunesse,
Ne sait par cœur ce chant, des amants adoré,
Qu'un soir, au bord du lac, tu nous as soupiré ?
Qui n'a lu mille fois, qui ne relit sans cesse
Ces vers mystérieux où parle ta maîtresse,
Et qui n'a sangloté sur ces divins sanglots,
Profonds comme le ciel et purs comme les flots ?
Hélas ! ces longs regrets des amours mensongères,
Ces ruines du temps qu'on trouve à chaque pas,
Ces sillons infinis de lueurs éphémères,
Qui peut se dire un homme et ne les connaît pas ?
Quiconque aima jamais porte une cicatrice ;
Chacun l'a dans le sein, toujours prête à s'ouvrir,
Chacun la garde en soi, cher et secret supplice,
Et mieux il est frappé, moins il en veut guérir.
Te le dirai-je, à toi, chantre de la souffrance,
Que ton glorieux mal, je l'ai souffert aussi ?
Qu'un instant, comme toi, devant ce ciel immense,
J'ai serré dans mes bras la vie et l'espérance,
Et qu'ainsi que le tien, mon rêve s'est enfui ?
Te dirai-je qu'un soir, dans la brise embaumée,
Endormi, comme toi, dans la paix du bonheur,
Aux célestes accents d'une voix bien-aimée,
J'ai cru sentir le temps s'arrêter dans mon cœur ?
Te dirai-je qu'un soir, resté seul sur la terre,
Dévoré, comme toi, d'un affreux souvenir,
Je me suis étonné de ma propre misère,
Et de ce qu'un enfant peut souffrir sans mourir ?
Ah ! ce que j'ai senti dans cet instant terrible,
Oserai-je m'en plaindre et te le raconter ?
Comment exprimerai-je une peine indicible ?
Après toi, devant toi, puis-je encor le tenter ?
Oui, de ce jour fatal, plein d'horreur et de charmes,
Je veux fidèlement te faire le récit ;
Ce ne sont pas des chants, ce ne sont pas des larmes,
Et je ne te dirai que ce que Dieu m'a dit.

Lorsque le laboureur, regagnant sa chaumière,
Trouve le soir son champ rasé par le tonnerre,
Il croit d'abord qu'un rêve a fasciné ses yeux,
Et, doutant de lui-même, interroge les cieux.
Partout la nuit est sombre, et la terre enflammée.
Il cherche autour de lui la place accoutumée
Où sa femme l'attend sur le seuil entr'ouvert ;
Il voit un peu de cendre au milieu d'un désert.
Ses enfants demi-nus sortent de la bruyère
Et viennent lui conter comme leur pauvre mère
Est morte sous le chaume avec des cris affreux ;
Mais maintenant au loin tout est silencieux.
Le misérable écoute et comprend sa ruine.
Il serre, désolé, ses fils sur sa poitrine ;
Il ne lui reste plus, s'il ne tend pas la main,
Que la faim pour ce soir et la mort pour demain.
Pas un sanglot ne sort de sa gorge oppressée ;
Muet et chancelant, sans force et sans pensée,
Il s'assoit à l'écart, les yeux sur l'horizon,
Et, regardant s'enfuir sa moisson consumée,
Dans les noirs tourbillons de l'épaisse fumée
L'ivresse du malheur emporte sa raison.

Tel, lorsque abandonné d'une infidèle amante,
Pour la première fois j'ai connu la douleur,
Transpercé tout à coup d'une flèche sanglante,
Seul, je me suis assis dans la nuit de mon cœur.
Ce n'était pas au bord d'un lac au flot limpide,
Ni sur l'herbe fleurie au penchant de coteaux ;
Mes yeux noyés de pleurs ne voyaient que le vide.
Mes sanglots étouffés n'éveillaient point d'échos.
C'était dans une rue obscure et tortueuse
De cet immense égout qu'on appelle Paris ;
Autour de moi criait cette foule railleuse
Qui des infortunés n'entend jamais les cris.
Sur le pavé noirci les blafardes lanternes
Versaient un jour douteux plus triste que la nuit,
Et, suivant au hasard ces feux vagues et ternes,
L'homme passait dans l'ombre, allant où va le bruit.
Partout retentissait comme une joie étrange ;
C'était en février, au temps du carnaval.
Les masques avinés, se croisant dans la fange,

S'accostaient d'une injure ou d'un refrain banal.
Dans un carrosse ouvert une troupe entassée
Paraissait par moments sous le ciel pluvieux,
Puis se perdait au loin dans la ville insensée,
Hurlant un hymne impur sous la résine en feux.
Cependant des vieillards, des enfants et des femmes
Se barbouillaient de lie au fond des cabarets,
Tandis que de la nuit les prêtresses infâmes
Promenaient çà et là leurs spectres inquiets.
On eût dit un portrait de la débauche antique,
Un de ces soirs fameux, chers au peuple romain,
Où des temples secrets la Vénus impudique
Sortait échevelée, une torche à la main.
Dieu juste! pleurer seul par une nuit pareille!
O mon unique amour! que vous avais-je fait?
Vous m'aviez pu quitter, vous qui juriez la veille
Que vous étiez ma vie et que Dieu le savait?
Ah! toi, le savais-tu, froide et cruelle amie,
Qu'à travers cette honte et cette obscurité,
J'étais là, regardant de ta lampe chérie,
Comme une étoile au ciel, la tremblante clarté?
Non, tu n'en savais rien, je n'ai pas vu ton ombre,
Ta main n'est pas venue entr'ouvrir le rideau.
Tu n'as pas regardé si le ciel était sombre;
Tu ne m'as pas cherché dans cet affreux tombeau!

Lamartine, c'est là, dans cette rue obscure,
Assis sur une borne, au fond d'un carrefour,
Les deux mains sur mon cœur, et serrant ma blessure,
Et sentant y saigner un invincible amour;
C'est là, dans cette nuit d'horreur et de détresse,
Au milieu des transports d'un peuple furieux
Qui semblait en passant crier à ma jeunesse :
« Toi qui pleures ce soir, n'as-tu pas ri comme eux? »
C'est là, devant ce mur, où j'ai frappé ma tête,
Où j'ai posé deux fois le fer sur mon sein nu;
C'est là, le croiras-tu? chaste et noble poète,
Que de tes chants divins je me suis souvenu.

O toi qui sais aimer, réponds, amant d'Elvire,
Comprends-tu que l'on parte et qu'on se dise adieu?
Comprends-tu que ce mot la main puisse l'écrire,
Et le cœur le signer, et les lèvres le dire,

Les lèvres, qu'un baiser vient d'unir devant Dieu ?
Comprends-tu qu'un lien qui, dans l'âme immortelle,
Chaque jour plus profond, se forme à notre insu ;
Qui déracine en nous la volonté rebelle,
Et nous attache au cœur son merveilleux tissu ;
Un lien tout-puissant dont les nœuds et la trame
Sont plus durs que la roche et que les diamants ;
Qui ne craint ni le temps, ni le fer, ni la flamme,
Ni la mort elle-même, et qui fait des amants
Jusque dans le tombeau s'aimer les ossements ;
Comprends-tu que dix ans ce lien nous enlace,
Qu'il ne fasse dix ans qu'un seul être de deux,
Puis tout à coup se brise, et, perdu dans l'espace,
Nous laisse épouvantés d'avoir cru vivre heureux ?

O poëte ! il est dur que la nature humaine,
Qui marche à pas comptés vers une fin certaine,
Doive encor s'y traîner en portant une croix,
Et qu'il faille ici-bas mourir plus d'une fois.
Car de quel autre nom peut s'appeler sur terre
Cette nécessité de changer de misère,
Qui nous fait, jour et nuit, tout prendre et tout quitter,
Si bien que notre temps se passe à convoiter ?
Ne sont-ce pas des morts, et des morts effroyables,
Que tant de changements d'êtres si variables,
Qui se disent toujours fatigués d'espérer,
Et qui sont toujours prêts à se transfigurer ?
Quel tombeau que le cœur, et quelle solitude !
Comment la passion devient-elle habitude,
Et comment se fait-il que, sans y trébucher,
Sur ses propres débris l'homme puisse marcher ?
Il y marche pourtant ; c'est Dieu qui l'y convie.
Il va semant partout et prodiguant sa vie :
Désir, crainte, colère, inquiétude, ennui,
Tout passe et disparaît, tout est fantôme en lui.
Son misérable cœur est fait de telle sorte
Qu'il faut incessamment qu'une ruine en sorte ;
Que la mort soit son terme, il ne l'ignore pas,
Et, marchant à la mort, il meurt à chaque pas.
Il meurt dans ses amis, dans son fils, dans son père.
Il meurt dans ce qu'il pleure et dans ce qu'il espère ;
Et, sans parler des corps qu'il faut ensevelir,
Qu'est-ce donc qu'oublier, si ce n'est pas mourir ?

Ah ! c'est plus que mourir, c'est survivre à soi-même.
L'âme remonte au ciel quand on perd ce qu'on aime.
Il ne reste de nous qu'un cadavre vivant ;
Le désespoir l'habite, et le néant l'attend.

Eh bien ! bon ou mauvais, inflexible ou fragile,
Humble ou fier, triste ou gai, mais toujours gémissant,
Cet homme, tel qu'il est, cet être fait d'argile,
Tu l'as vu, Lamartine, et son sang est ton sang.
Son bonheur est le tien, sa douleur est la tienne ;
Et des maux qu'ici-bas il lui faut endurer,
Pas un qui ne te touche et qui ne t'appartienne ;
Puisque tu sais chanter, ami, tu sais pleurer.
Dis-moi, qu'en penses-tu dans tes jours de tristesse ?
Que t'a dit le malheur, quand tu l'as consulté ?
Trompé par tes amis, trahi par ta maîtresse,
Du ciel et de toi-même as-tu jamais douté ?

Non, Alphonse, jamais. La triste expérience
Nous apporte la cendre et n'éteint pas le feu.
Tu respectes le mal fait par la Providence,
Tu le laisses passer, et tu crois à ton Dieu.
Quel qu'il soit, c'est le mien ; il n'est pas deux croyances.
Je ne sais pas son nom, j'ai regardé les cieux ;
Je sais qu'ils sont à lui, je sais qu'ils sont immenses,
Et que l'immensité ne peut pas être à deux.
J'ai connu, jeune encore, de sévères souffrances ;
J'ai vu verdir les bois, et j'ai tenté d'aimer.
Je sais ce que la terre engloutit d'espérances
Et, pour y recueillir, ce qu'il y faut semer.
Mais ce que j'ai senti, ce que je veux t'écrire,
C'est ce que m'ont appris les anges de douleur ;
Je le sais mieux encore et puis mieux te le dire,
Car leur glaive, en entrant, l'a gravé dans mon cœur.

Créature d'un jour qui t'agites une heure,
De quoi viens-tu te plaindre et qui te fait gémir ?
Ton âme t'inquiète, et tu crois qu'elle pleure :
Ton âme est immortelle, et tes pleurs vont tarir.

Tu te sens le cœur pris d'un caprice de femme,
Et tu dis qu'il se brise à force de souffrir.
Tu demandes à Dieu de soulager ton âme :
Ton âme est immortelle, et ton cœur va guérir.

Le regret d'un instant te trouble et te dévore ;
Tu dis que le passé te voile l'avenir.
Ne te plains pas d'hier ; laisse venir l'aurore :
Ton âme est immortelle, et le temps va s'enfuir.

Ton corps est abattu du mal de ta pensée ;
Tu sens ton front peser et tes genoux fléchir.
Tombe, agenouille-toi, créature insensée :
Ton âme est immortelle, et la mort va venir.

Tes os dans le cercueil vont tomber en poussière,
Ta mémoire, ton nom, ta gloire vont périr,
Mais non pas ton amour, si ton amour t'est chère :
Ton âme est immortelle, et va s'en souvenir.

Février 1836.

L'Espoir en Dieu.

Tant que mon faible cœur, encor plein de jeunesse,
A ses illusions n'aura pas dit adieu,
Je voudrais m'en tenir à l'antique sagesse
Qui du sobre Épicure a fait un demi-dieu.
Je voudrais vivre, aimer, m'accoutumer aux hommes,
Chercher un peu de joie, et n'y pas trop compter,
Faire ce qu'on a fait, être ce que nous sommes,
Et regarder le ciel sans m'en inquiéter.

Je ne puis ; — malgré moi l'infini me tourmente.
Je n'y saurais songer sans crainte et sans espoir ;
Et, quoi qu'on en ait dit, ma raison s'épouvante
De ne pas le comprendre, et pourtant de le voir.
Qu'est-ce donc que ce monde, et qu'y venons-nous faire,
Si, pour qu'on vive en paix, il faut voiler les cieux ?
Passer comme un troupeau les yeux fixés à terre,
Et renier le reste, est-ce donc être heureux ?
Non, c'est cesser d'être homme et dégrader son âme.
Dans la création le hasard m'a jeté ;
Heureux ou malheureux, je suis né d'une femme,
Et je ne puis m'enfuir hors de l'humanité.

Que faire donc ? « Jouis, dit la raison païenne ;
Jouis et meurs ; les dieux ne songent qu'à dormir.

ALFRED DE MUSSET, par Eug. Lamy.
Fac-similé d'un portrait au crayon rehaussé de sanguine.

— Espère seulement, répond la foi chrétienne ;
Le ciel veille sans cesse, et tu ne peux mourir. »
Entre ces deux chemins j'hésite et je m'arrête.
Je voudrais, à l'écart, suivre un plus doux sentier.
Il n'en existe pas, dit une voix secrète ;
En présence du ciel il faut croire ou nier.
Je le pense en effet ; les âmes tourmentées
Dans l'un et l'autre excès se jettent tour à tour.
Mais les indifférents ne sont que des athées ;
Ils ne dormiraient plus s'ils doutaient un seul jour.
Je me résigne donc, et puisque la matière
Me laisse dans le cœur un désir plein d'effroi,
Mes genoux fléchiront ; je veux croire, et j'espère.
Que vais-je devenir, et que veut-on de moi ?

Me voilà dans les mains d'un Dieu plus redoutable
Que ne sont à la fois tous les maux d'ici-bas ;
Me voilà seul, errant, fragile et misérable,
Sous les yeux d'un témoin qui ne me quitte pas.
Il m'observe, il me suit. Si mon cœur bat trop vite,
J'offense sa grandeur et sa divinité.
Un gouffre est sous mes pas : si je m'y précipite,
Pour expier une heure, il faut l'éternité.
Mon juge est un bourreau qui trompe sa victime ;
Pour moi, tout devient piège et tout change de nom ;
L'amour est un péché, le bonheur est un crime,
Et l'œuvre des sept jours n'est que tentation.
Je ne garde plus rien de la nature humaine ;
Il n'existe pour moi ni vertu ni remord.
J'attends la récompense et j'évite la peine ;
Mon seul guide est la peur, et mon seul but la mort.

On me dit cependant qu'une joie infinie
Attend quelques élus. — Où sont-ils, ces heureux ?
Si vous m'avez trompé, me rendrez-vous la vie ?
Si vous m'avez dit vrai, m'ouvrirez-vous les cieux ?
Hélas ! ce beau pays dont parlaient vos prophètes,
S'il existe là-haut, ce doit être un désert.
Vous les voulez trop purs les heureux que vous faites
Et quand leur joie arrive, ils en ont trop souffert.
Je suis seulement homme, et ne veux pas moins être,
Ni tenter davantage. — A quoi donc m'arrêter ?

MUSSET   5

Puisque je ne puis croire aux promesses du prêtre,
Est-ce l'indifférent que je vais consulter?

Si mon cœur, fatigué du rêve qui l'obsède,
A la réalité revient pour s'assouvir,
Au fond des vains plaisirs que j'appelle à mon aide
Je trouve un tel dégoût que je me sens mourir.
Aux jours même où parfois la pensée est impie,
Où l'on voudrait nier pour cesser de douter,
Quand je posséderais tout ce qu'en cette vie
Dans ses vastes désirs l'homme peut convoiter;
Donnez-moi le pouvoir, la santé, la richesse,
L'amour même, l'amour, le seul bien d'ici-bas!
Que la blonde Astarté, qu'idolâtrait la Grèce,
De ses îles d'azur sorte en m'ouvrant les bras;
Quand je pourrais saisir dans le sein de la terre
Les secrets éléments de sa fécondité,
Transformer à mon gré la vivace matière
Et créer pour moi seul une unique beauté;
Quand Horace, Lucrèce et le vieil Épicure,
Assis à mes côtés, m'appelleraient heureux,
Et quand ces grands amants de l'antique nature
Me chanteraient la joie et le mépris des dieux,
Je leur dirais à tous : « Quoi que nous puissions faire,
Je souffre, il est trop tard; le monde s'est fait vieux.
Une immense espérance a traversé la terre;
Malgré nous vers le ciel il faut lever les yeux ! »

Que me reste-t-il donc? Ma raison révoltée
Essaye en vain de croire et mon cœur de douter.
Le chrétien m'épouvante, et ce que dit l'athée,
En dépit de mes sens je ne puis l'écouter.
Les vrais religieux me trouveront impie,
Et les indifférents me croiront insensé.
A qui m'adresserai-je, et quelle voix amie
Consolera ce cœur que le doute a blessé?

Il existe, dit-on, une philosophie
Qui nous explique tout sans révélation,
Et qui peut nous guider à travers cette vie
Entre l'indifférence et la religion.
J'y consens. — Où sont-ils, ces faiseurs de systèmes,
Qui savent, sans la foi, trouver la vérité,

Sophistes impuissants qui ne croient qu'en eux-mêmes ?
Quels sont leurs arguments et leur autorité ?
L'un me montre ici-bas deux principes en guerre,
Qui, vaincus tour à tour, sont tous deux immortels (1) ;
L'autre découvre, au loin, dans le ciel solitaire,
Un inutile Dieu (2) qui ne veut pas d'autels.
Je vois rêver Platon et penser Aristote ;
J'écoute, j'applaudis et poursuis mon chemin.
Sous les rois absolus je trouve un Dieu despote ;
On nous parle aujourd'hui d'un Dieu républicain.
Pythagore et Leibniz transfigurent mon être.
Descartes m'abandonne au sein des tourbillons.
Montaigne s'examine, et ne peut se connaître.
Pascal fuit en tremblant ses propres visions.
Pyrrhon me rend aveugle et Zénon insensible.
Voltaire jette à bas tout ce qu'il voit debout.
Spinosa, fatigué de tenter l'impossible,
Cherchant en vain son Dieu, croit le trouver partout.
Pour le sophiste anglais (3) l'homme est une machine.
Enfin sort des brouillards un rhéteur allemand (4)
Qui, du philosophisme achevant la ruine,
Déclare le ciel vide, et conclut au néant.

Voilà donc les débris de l'humaine science !
Et, depuis cinq mille ans qu'on a toujours douté,
Après tant de fatigue et de persévérance,
C'est là le dernier mot qui nous en est resté !
Ah ! pauvres insensés, misérables cervelles,
Qui de tant de façons avez tout expliqué,
Pour aller jusqu'aux cieux, il vous fallait des ailes ;
Vous aviez le désir, la foi vous a manqué.
Je vous plains ; votre orgueil part d'une âme blessée.
Vous sentiez les tourments dont mon cœur est rempli,
Et vous la connaissiez, cette amère pensée
Qui fait frissonner l'homme en voyant l'infini.
Eh bien, prions ensemble, — abjurons la misère
De vos calculs d'enfants, de tant de vains travaux.
Maintenant que vos corps sont réduits en poussière,

____

(1) Système des Manichéens.
(2) Le théisme.
(3) Locke.
(4) Kant.

J'irai m'agenouiller pour vous sur vos tombeaux.
Venez, rhéteurs païens, maîtres de la science,
Chrétiens des temps passés et rêveurs d'aujourd'hui :
Croyez-moi, la prière est un cri d'espérance !
Pour que Dieu nous réponde, adressons-nous à lui.
Il est juste, il est bon ; sans doute il vous pardonne.
Tous vous avez souffert, le reste est oublié.
Si le ciel est désert, nous n'offensons personne ;
Si quelqu'un nous entend, qu'il nous prenne en pitié !

O toi que nul n'a pu connaître
Et n'a renié sans mentir,
Réponds-moi, toi qui m'as fait naître
Et demain me feras mourir !

Puisque tu te laisses comprendre,
Pourquoi fais-tu douter de toi ?
Quel triste plaisir peux-tu prendre
A tenter notre bonne foi ?

Dès que l'homme lève la tête,
Il croit t'entrevoir dans les cieux ;
La création, sa conquête,
N'est qu'un vaste temple à ses yeux.

Dès qu'il redescend en lui-même,
Il t'y trouve : tu vis en lui.
S'il souffre, s'il pleure, s'il aime,
C'est son Dieu qui le veut ainsi.

De la plus noble intelligence
La plus sublime ambition
Est de prouver ton existence,
Et de faire épeler ton nom.

De quelque façon qu'on t'appelle,
Brahma, Jupiter ou Jésus,
Vérité, Justice éternelle,
Vers toi tous les bras sont tendus.

Le dernier des fils de la terre
Te rend grâces du fond du cœur,
Dès qu'il se mêle à sa misère
Une apparence de bonheur.

Le monde entier te glorifie :
L'oiseau te chante sur son nid ;
Et pour une goutte de pluie
Des milliers d'êtres t'ont béni.

Tu n'as rien fait qu'on ne l'admire ;
Rien de toi n'est perdu pour nous ;
Tout prie, et tu ne peux sourire,
Que nous ne tombions à genoux.

Pourquoi donc, ô Maître suprême,
As-tu créé le mal si grand,
Que la raison, la vertu même,
S'épouvantent en le voyant ?

Lorsque tant de choses sur terre
Proclament la Divinité,
Et semblent attester d'un père,
L'amour, la force et la bonté,

Comment, sous la sainte lumière,
Voit-on des actes si hideux,
Qu'ils font expirer la prière
Sur les lèvres du malheureux ?

Pourquoi, dans ton œuvre céleste,
Tant d'éléments si peu d'accord ?
A quoi bon le crime et la peste ?
O Dieu juste ! pourquoi la mort ?

Ta pitié dut être profonde
Lorsqu'avec ses biens et ses maux,
Cet admirable et pauvre monde
Sortit en pleurant du chaos !

Puisque tu voulais le soumettre
Aux douleurs dont il est rempli,
Tu n'aurais pas dû lui permettre
De t'entrevoir dans l'infini.

Pourquoi laisser notre misère
Rêver et deviner un Dieu ?
Le doute a désolé la terre ;
Nous en voyons trop ou trop peu.

Si ta chétive créature
Est indigne de t'approcher,
Il fallait laisser la nature
T'envelopper et te cacher.

Il te resterait ta puissance,
Et nous en sentirions les coups ;
Mais le repos et l'ignorance
Auraient rendu nos maux plus doux.

Si la souffrance et la prière
N'atteignent pas ta majesté,
Garde ta grandeur solitaire ;
Ferme à jamais l'immensité.

Mais si nos angoisses mortelles
Jusqu'à toi peuvent parvenir ;
Si, dans les plaines éternelles,
Parfois tu nous entends gémir,

Brise cette voûte profonde
Qui couvre la création ;
Soulève les voiles du monde,
Et montre-toi, Dieu juste et bon !

Tu n'apercevras sur la terre
Qu'un ardent amour de la foi,
Et l'humanité tout entière
Se prosternera devant toi.

Les larmes qui l'ont épuisée
Et qui ruisselaient de ses yeux,
Comme une légère rosée
S'évanouiront dans les cieux.

Tu n'entendras que tes louanges,
Qu'un concert de joie et d'amour,
Pareil à celui dont tes anges
Remplissent l'éternel séjour ;

Et dans cet hosanna suprême,
Tu verras, au bruit de nos chants,
S'enfuir le doute et le blasphème,
Tandis que la Mort elle-même
Y joindra ses derniers accents.

Février 1838.

Souvenir.

J'espérais bien pleurer, mais je croyais souffrir
En osant te revoir, place à jamais sacrée,
O la plus chère tombe, et la plus ignorée
    Où dorme un souvenir !

Que redoutiez-vous donc de cette solitude,
Et pourquoi, mes amis, me preniez-vous la main ?
Alors qu'une si douce et si vieille habitude
    Me montrait ce chemin ?

Les voilà, ces coteaux, ces bruyères fleuries,
Et ces pas argentins sur le sable muet,
Ces sentiers amoureux, remplis de causeries,
    Où son bras m'enlaçait.

Les voilà, ces sapins à la sombre verdure,
Cette gorge profonde aux nonchalants détours,
Ces sauvages amis, dont l'antique murmure
    A bercé mes beaux jours.

Les voilà, ces buissons où toute ma jeunesse,
Comme un essaim d'oiseaux chante au bruit de mes pas.
Lieux charmants, beau désert où passa ma maîtresse,
    Ne m'attendiez-vous pas ?

Ah ! laissez-les couler, elles me sont bien chères,
Ces larmes que soulève un cœur encor blessé !
Ne les essuyez pas, laissez sur mes paupières
    Ce voile du passé !

Je ne viens point jeter un regret inutile
Dans l'écho de ces bois témoins de mon bonheur
Fière est cette forêt dans sa beauté tranquille,
    Et fier aussi mon cœur.

Que celui-là se livre à des plaintes amères,
Qui s'agenouille et prie au tombeau d'un ami.
Tout respire en ces lieux ; les fleurs des cimetières
    Ne poussent point ici.

Voyez! la lune monte à travers ces ombrages.
Ton regard tremble encor, belle reine des nuits ;
Mais du sombre horizon déjà tu te dégages,
    Et tu t'épanouis.

Ainsi de cette terre, humide encor de pluie,
Sortent, sous tes rayons, tous les parfums du jour :
Aussi calme, aussi pur, de mon âme attendrie
    Sort mon ancien amour.

Que sont-ils devenus, les chagrins de ma vie ?
Tout ce qui m'a fait vieux est bien loin maintenant ;
Et rien qu'en regardant cette vallée amie,
    Je redeviens enfant.

O puissance du temps ! ô légères années !
Vous emportez nos pleurs, nos cris et nos regrets ;
Mais la pitié vous prend, et sur nos fleurs fanées
    Vous ne marchez jamais.

Tout mon cœur te bénit, bonté consolatrice !
Je n'aurais jamais cru que l'on pût tant souffrir
D'une telle blessure, et que sa cicatrice
    Fût si douce à sentir.

Loin de moi les vains mots, les frivoles pensées,
Des vulgaires douleurs linceul accoutumé,
Que viennent étaler sur leurs amours passées
    Ceux qui n'ont point aimé !

Dante, pourquoi dis-tu qu'il n'est pire misère
Qu'un souvenir heureux dans les jours de douleur ?
Quel chagrin t'a dicté cette parole amère,
    Cette offense au malheur ?

En est-il donc moins vrai que la lumière existe,
Et faut-il l'oublier du moment qu'il fait nuit ?
Est-ce bien toi, grande âme immortellement triste,
    Est-ce toi qui l'as dit ?

Non, par ce pur flambeau dont la splendeur m'éclaire,
Ce blasphème vanté ne vient pas de ton cœur.
Un souvenir heureux est peut-être sur terre
    Plus vrai que le bonheur.

Eh quoi! l'infortuné qui trouve une étincelle
Dans la cendre brûlante où dorment ses ennuis,
Qui saisit cette flamme et qui fixe sur elle
        Ses regards éblouis ;

Dans ce passé perdu quand son âme se noie,
Sur ce miroir brisé lorsqu'il rêve en pleurant,
Tu lui dis qu'il se trompe et que sa faible joie
        N'est qu'un affreux tourment!

Et c'est à ta Françoise, à ton ange de gloire,
Que tu pouvais donner ces mots à prononcer,
Elle qui s'interrompt, pour compter son histoire,
        D'un éternel baiser!

Qu'est-ce donc, juste Dieu, que la pensée humaine,
Et qui pourra jamais aimer la vérité,
S'il n'est joie ou douleur si juste et si certaine
        Dont quelqu'un n'ait douté?

Comment vivez-vous donc, étranges créatures ?
Vous riez, vous chantez, vous marchez à grands pas,
Le ciel et sa beauté, le monde et ses souillures
        Ne vous dérangent pas ;

Mais, lorsque par hasard le destin vous ramène
Vers quelque monument d'un amour oublié,
Ce caillou vous arrête, et cela vous fait peine
        Qu'il vous heurte le pié.

Et vous criez alors que la vie est un songe ;
Vous vous tordez les bras comme en vous réveillant,
Et vous trouvez fâcheux qu'un si joyeux mensonge
        Ne dure qu'un instant.

Malheureux! cet instant où votre âme engourdie
A secoué les fers qu'elle traîne ici-bas,
Ce fugitif instant fut toute votre vie ;
        Ne le regrettez pas !

Regrettez la torpeur qui vous cloue à la terre,
Vos agitations dans la fange et le sang,
Vos nuits sans espérance et vos jours sans lumière :
        C'est là qu'est le néant!

Mais que vous revient-il de vos froides doctrines ?
Que demandent au ciel ces regrets inconstants
Que vous allez semant sur vos propres ruines,
    A chaque pas du Temps ?

Oui, sans doute, tout meurt ; ce monde est un grand rêve,
Et le peu de bonheur qui nous vient en chemin,
Nous n'avons pas plutôt ce roseau dans la main
    Que le vent nous l'enlève.

Oui, les premiers baisers, oui, les premiers serments
Que deux êtres mortels échangèrent sur terre,
Ce fut au pied d'un arbre effeuillé par les vents,
    Sur un roc en poussière.

Ils prirent à témoin de leur joie éphémère
Un ciel toujours voilé qui change à tout moment
Et des astres sans nom que leur propre lumière
    Dévore incessamment.

Tout mourait autour d'eux, l'oiseau dans le feuillage,
La fleur entre leurs mains, l'insecte sous leurs piés,
La source desséchée où vacillait l'image
    De leurs traits oubliés !

Et sur tous ces débris joignant leurs mains d'argile,
Étourdis des éclairs d'un instant de plaisir,
Ils croyaient échapper à cet être immobile
    Qui regarde mourir !

— Insensés ! dit le sage. — Heureux ! dit le poète.
Et quels tristes amours as-tu donc dans le cœur,
Si le bruit du torrent te trouble et t'inquiète,
    Si le vent te fait peur ?

J'ai vu sous le soleil tomber bien d'autres choses
Que les feuilles des bois et l'écume des eaux,
Bien d'autres s'en aller que le parfum des roses
    Et le chant des oiseaux.

Mes yeux ont contemplé des objets plus funèbres
Que Juliette morte au fond de son tombeau,
Plus affreux que le toast à l'ange des ténèbres
    Porté par Roméo.

J'ai vu ma seule amie, à jamais la plus chère,
Devenue elle-même un sépulcre blanchi,
Une tombe vivante où flottait la poussière
        De notre mort chéri,

De notre pauvre amour, que, dans la nuit profonde,
Nous avions sur nos cœurs si doucement bercé !
C'était plus qu'une vie, hélas ! c'était un monde
        Qui s'était effacé !

Oui, jeune et belle encor, plus belle, osait-on dire,
Je l'ai vue, et ses yeux brillaient comme autrefois.
Ses lèvres s'entr'ouvraient, et c'était un sourire,
        Et c'était une voix ;

Mais non plus cette voix, non plus ce doux langage,
Ces regards adorés dans les miens confondus ;
Mon cœur, encore plein d'elle, errait sur son visage,
        Et ne la trouvait plus.

Et pourtant j'aurais pu marcher alors vers elle ;
Entourer de mes bras ce sein vide et glacé,
Et j'aurais pu crier : « Qu'as-tu fait, infidèle,
        Qu'as-tu fait du passé ? »

Mais non : il me semblait qu'une femme inconnue
Avait pris par hasard cette voix et ces yeux ;
Et je laissai passer cette froide statue
        En regardant les cieux.

Eh bien ! ce fut sans doute une horrible misère
Que ce riant adieu d'un être inanimé.
Eh bien ! qu'importe encore ? O nature ! ô ma mère !
        En ai-je moins aimé ?

La foudre maintenant peut tomber sur ma tête ;
Jamais ce souvenir ne peut m'être arraché !
Comme le matelot brisé par la tempête,
        Je m'y tiens attaché.

Je ne veux rien savoir, ni si les champs fleurissent,
Ni ce qu'il adviendra du simulacre humain,
Ni si ces vastes cieux éclaireront demain
        Ce qu'ils ensevelissent.

Je me dis seulement : « A cette heure, en ce lieu,
Un jour, je fus aimé, j'aimais, elle était belle. »
J'enfouis ce trésor dans mon âme immortelle,
Et je l'emporte à Dieu !

Février 1841.

LE THÉATRE D'ALFRED DE MUSSET

Le théâtre d'Alfred de Musset est incontestablement
une des parties les plus originales et les plus durables
de son œuvre. Dédaigneux des formules et des conven-
tions, il vagabonde librement dans la fantaisie, à la manière des comédies de Shakspeare, et, excepté dans un
drame, *Lorenzaccio*, il a pour thème unique l'amour. On
n'a jamais rien fait de plus délicat depuis Marivaux, ni
de plus spirituel et de plus alerte depuis Beaumarchais.
Seulement, chez Musset, l'esprit ne fait pas uniquement les
frais de la pièce; si les mots y pétillent à chaque instant
comme des pierres précieuses, la tendresse, la passion s'en
mêlent, et, comme l'a dit fort bien Théophile Gautier, « la
mélancolie y cause avec la gaieté ». A première vue, c'est un
conte de fée, une fantaisie qui voltige aux pays bleus;
examiné de plus près, c'est la vie, c'est la nature même,
avec tous ses travers, tous ses ridicules. On a même reproché à Musset d'y peindre trop brutalement la nature, et
c'est une des causes qui déroutèrent longtemps le public et
firent mal accueillir d'abord *les Caprices de Marianne*.
Aujourd'hui, chacun y reconnaît une demi-douzaine de purs
chefs-d'œuvre qui sont presque tous restés au répertoire,
et qui figurent parmi les hautes gloires de notre scène
française.

Analyse de ses principales pièces.

**Les Caprices
de Marianne.**
Comédie en 2 actes (1833).

Marianne, jeune femme aussi belle que coquette, mariée à Claudio, vieux juge imbécile et soupçonneux, est adorée par Cœlio. Cœlio, timide et sensible, trouve plus facile de mourir de son amour que de le déclarer lui-même, et il envoie, pour plaider sa cause, son ami Octave, joyeux débauché, coureur de filles et de tavernes qui a toujours un verre de vin de Chypre et une chanson dans la tête. Cœlio, Octave, ce sont les deux moi de Musset qui était tour à tour chacun de ces deux êtres, quelquefois tous deux ensemble :

Cœlio. — Quelle est cette mascarade ? N'est-ce pas Octave que j'aperçois ? (*Entre Octave.*)

Octave. — Comment se porte, mon bon monsieur, cette gracieuse mélancolie ?

Cœlio. — Octave ! fou que tu es ! tu as un pied de rouge sur les joues ! D'où te vient cet accoutrement ? N'as-tu pas de honte en plein jour ?

Octave. — O Cœlio ! fou que tu es ! tu as un pied de blanc sur les joues ! — D'où te vient ce large habit noir ? N'as-tu pas de honte en plein carnaval ?

Cœlio. — Quelle vie que la tienne ! ou tu es gris, ou je le suis moi-même.

Octave. — Ou tu es amoureux, ou je le suis moi-même.

Cœlio. — Plus que jamais de la belle Marianne.

Octave. — Plus que jamais du vin de Chypre.

Octave, au fond de lui-même, est un homme de cœur, et il plaide avec chaleur et désintéressement la cause de son ami, mais Marianne n'écoute que lui, et finit par lui accorder un rendez-vous, comme elle l'accorderait au premier venu, par caprice. C'est tout ce que voulait Octave, qui envoie Cœlio à sa place. Mais un guet-apens est préparé cette nuit-là par le mari jaloux, et Cœlio tombe dans l'embuscade des spadassins. Quant à Octave, libertin blasé, à jamais inconsolable de la mort de son ami, il fuit en

Marianne une coquette sans entrailles et la punit par son dédain d'avoir méconnu l'amour sincère de Cœlio.

* * *

Fantasio.
Comédie en 2 actes (1833).

Fantasio est un jeune bourgeois de Munich, mais c'est bien plutôt un bousingot ou un Jeune-France, comme le fut un instant Musset, en 1830, et c'est tout le romantisme qui se livre en lui à la plus spirituelle et à la plus étincelante débauche de verve et d'originalité. Cousu de dettes, vain, léger, mais triste au fond de lui-même, et s'ennuyant à force de s'analyser, Fantasio déraisonne en buvant de la bière et en fumant des pipes.

FANTASIO. — Oh! s'il y avait un diable dans le ciel! s'il y avait un enfer, comme je me brûlerais la cervelle pour aller voir tout ça! Quelle misérable chose que l'homme! ne pas pouvoir seulement sauter par sa fenêtre sans se casser les jambes! être obligé de jouer du violon dix ans pour devenir un musicien passable! apprendre pour être peintre, pour être palefrenier! apprendre pour faire une omelette! Tiens, Spark, il me prend des envies de m'asseoir sur un parapet, de regarder couler la rivière et de me mettre à compter un, deux, trois, quatre, cinq, six, sept, et ainsi de suite jusqu'au jour de ma mort.

Comme on le voit, les rêveries de Fantasio sont plutôt mélancoliques, et, malgré leur verve, ont bien le caractère blasé du siècle. Cependant, là comme partout chez Musset, l'idylle éclate tout à coup, charmante; elle nous donne ici ce joli tableau à la Téniers :

« Aimer quelqu'un... Qui? je n'en sais rien... Quelque chose de doux comme le vent d'ouest, de pâle comme les rayons de la lune; quelque chose de pensif comme ces petites servantes d'auberge des tableaux flamands qui donnent le coup de l'étrier à un voyageur à larges bottes, droit comme un piquet sur un grand cheval blanc. Quelle belle chose que le coup de l'étrier! une jeune femme sur le pas de sa porte, le feu allumé... le souper préparé, les enfants endormis... Et là l'homme encore haletant, mais ferme sur sa selle... une gorgée d'eau-de-vie, et en route. La nuit est profonde là-bas, le temps menaçant, la forêt dangereuse ; la bonne femme le suit des yeux une minute, puis elle laisse tomber cette sublime aumône du pauvre : « Que Dieu le protège ! »

Cependant, tandis que Fantasio s'abandonne à ces rêveries, passe un enterrement ; c'est celui de Saint-Jean, le bouffon du roi. Pour échapper à ses créanciers, Fantasio imagine d'occuper la place du défunt. Il se met une bosse, une perruque rousse, et entre ainsi dans le palais. On fait justement les préparatifs du mariage d'Elsbeth, fille du roi, avec le prince de Mantoue, personnage ridicule qui garde d'abord l'incognito en faisant passer son aide de camp pour lui-même. Elsbeth est bien triste, car elle n'a aucun goût pour ce prince « à qui le hasard a laissé tomber une couronne sur la tête, comme l'aigle d'Eschyle sa tortue » ; elle ne l'épouse que pour mettre fin à la guerre. Mais Fantasio arrive à point pour surprendre les causes de cette tristesse. Il s'esquive brusquement, et un instant après on apprend que la perruque du pseudo-prince s'est enlevée dans les airs. C'est Fantasio qui, du haut d'un balcon, l'a cueillie avec un hameçon. Le prince se déclare à cet affront, et, blessé dans la personne de son représentant, demande la tête du bouffon en échange de sa perruque. Le mariage est rompu, tout est remis en question, mais qu'importe à Fantasio ! le principal est que la princesse ne soit pas malheureuse.

ELSBETH. — Si la guerre est déclarée, quel malheur !

FANTASIO. — Vous appelez cela un malheur, Altesse ? Aimeriez-vous mieux un mari qui prend fait et cause pour sa perruque ? Eh ! madame, si la guerre est déclarée, nous saurons quoi faire de nos bras ; les oisifs de nos promenades mettront leurs uniformes ; moi-même je prendrai mon fusil de chasse, s'il n'est pas encore vendu. Nous irons faire un tour d'Italie, et, si vous entrez jamais à Mantoue, ce sera comme une véritable reine, sans qu'il y ait besoin pour cela d'autres cierges que nos épées.

La princesse donne en cadeau à Fantasio l'équivalent de ses dettes, qu'il ne payera jamais : il se respecte trop pour cela ; puis elle lui rend sa liberté, lui permettant de revenir de temps en temps se cacher au château lorsqu'il sera poursuivi par ses créanciers.

***

Lorenzaccio.
Drame en 5 actes, en prose
(1833).

Ce drame met en scène le meurtre d'Alexandre de Médicis, duc de Florence, par son cousin Lorenzo de Médicis. Conçu à la manière shakspearienne, Lorenzaccio est une sorte d'Hamlet florentin. Républicain, il rêve de délivrer sa patrie du tyran qui l'opprime. Naguère, étudiant amoureux d'art et de science, il s'était juré de tuer les tyrans pour le bien des hommes, et il a depuis vécu avec cette idée : « Il faut que je sois un Brutus! » Aussi, pour épier le duc et guetter l'instant propice à l'accomplissement de son projet, il a pris le parti de flatter les vices d'Alexandre, et il simule la débauche, comme Brutus et Hamlet ont simulé la folie. C'est là ce qui a fait de Lorenzo le Lorenzaccio que tout le monde méprise et fuit, *un lendemain d'orgie ambulant*, un être vicieux au teint plombé, à l'œil atone, aux mains fluettes et maladives qui ne peuvent même plus tenir une épée. Mais il n'en poursuit pas moins son but mystérieux que l'on entrevoit par instants, et qui enveloppe peu à peu Alexandre, gros viveur insouciant et jovial qui ne se doute de rien et ne veut rien croire.

Et cependant Lorenzaccio ne compte guère sur l'issue du but qu'il se propose ; il méprise trop les hommes, il sait que les Florentins sont trop avilis pour accueillir la liberté, et que ceux qui feignent d'en être les partisans convaincus ne la désirent qu'en paroles, pour le plaisir de s'entendre débiter de grandes phrases, aussi vides que sonores. Mais qu'importe ! il agira tout de même : « Tu me demandes

Lithographie de Gavarni (1854).

ALFRED DE MUSSET

pourquoi je tue Alexandre, dit-il au vieux Philippe Strozzi ; veux-tu donc que je m'empoisonne ou que je saute dans l'Arno ? veux-tu donc que je sois un spectre, et qu'en frappant sur ce squelette (*il frappe sa poitrine*) il n'en sorte aucun son ? Si je suis l'ombre de moi-même, veux-tu donc que je m'arrache le seul fil qui rattache aujourd'hui mon cœur à quelques fibres de mon cœur d'autrefois ! Songes-tu que ce meurtre, c'est tout ce qui me reste de ma vertu ? Songes-tu que je glisse depuis deux ans sur un mur taillé à pic, et que ce meurtre est le seul brin d'herbe où j'aie pu cramponner mes ongles ? Crois-tu donc que je n'aie plus d'orgueil, parce que je n'ai plus de honte ? » Maintenant, l'heure est venue de frapper. Son meurtre accompli, Lorenzaccio goûte un instant d'ineffable joie : « Que la nuit est belle ! que l'air du ciel est pur ! Respire, respire, cœur navré de joie !...

« Que le vent du soir est doux et embaumé ! comme les fleurs des prairies s'entr'ouvrent ! O nature magnifique ! ô éternel repos !...

« Ah ! Dieu de bonté ! quel moment ! »

Mais Lorenzaccio ne s'était pas trompé dans son mépris des hommes. Florence qui gémissait sous le tyran ne sait pas profiter de la liberté qui lui est offerte et elle se hâte de se donner un nouveau maître dans Cosme de Médicis. Quant à Lorenzaccio, il sent maintenant que le vice ne le lâchera plus. Il s'est pris à son propre piège. Ici, Musset a repris l'idée qu'il a déjà indiquée dans quatre vers célèbres de *la Coupe et les lèvres* :

> Le cœur d'un homme vierge est un vase profond :
> Lorsque la première eau qu'on y verse est impure,
> La mer y passerait sans laver la souillure ;
> Car l'abîme est immense, et la tache est au fond.

Lorenzaccio ne tient donc plus à la vie : « J'étais une machine à meurtre, dit-il, mais à un meurtre seulement. »

Tandis que sa tête est mise à prix à Florence, il se réfugie à Venise, où il périt misérablement sous le poignard d'un assassin.

**

On ne badine pas avec l'amour.
Comédie en 3 actes (1834).

Le baron (Musset ne lui donne pas d'autre nom), vieux hobereau falot et borné, a toujours eu la pensée de marier son fils Perdican avec sa nièce Camille, et voilà les deux cousins qui reviennent le même jour au château. Perdican qui a été reçu, à Paris, docteur à quatre boules blanches, a gardé tout le charme de son enfance, mais Camille, stylée au couvent par les religieuses, n'a plus que de la froideur pour lui répondre ; elle lui refuse un baiser, elle refuse même de prendre sa main : *elle n'aime pas les attouchements.*

PERDICAN. — Sais-tu que cela n'a rien de beau, Camille, de m'avoir refusé un baiser.

CAMILLE. — Je suis comme cela ; c'est ma manière.

PERDICAN. — Veux-tu mon bras pour faire un tour dans le village ?

CAMILLE. — Non, je suis lasse.

PERDICAN. — Cela ne te ferait pas plaisir de revoir la prairie ? Te souviens-tu de nos parties sur le bateau ? Viens, nous descendrons jusqu'aux moulins ; je tiendrai les rames, et toi le gouvernail.

CAMILLE. — Je n'en ai nulle envie.

PERDICAN. — Tu me fends l'âme. Quoi ! pas un souvenir, Camille ? pas un battement de cœur pour notre enfance, pour tout ce pauvre temps passé, si bon, si doux, si plein de niaiseries délicieuses ? Tu ne veux pas venir voir le sentier par où nous allions à la ferme ?

CAMILLE. — Non, pas ce soir.

PERDICAN. — Pas ce soir ! et quand donc ? Toute notre vie est là.

CAMILLE. — Je ne suis pas assez jeune pour m'amuser de mes poupées, ni assez vieille pour aimer le passé.

PERDICAN. — Comment dis-tu cela ?

CAMILLE. — Je dis que les souvenirs d'enfance ne sont pas de mon goût.
PERDICAN. — Cela t'ennuie?
CAMILLE. — Oui, cela m'ennuie.
PERDICAN. — Pauvre enfant ! je te plains sincèrement.

Navré, Perdican s'en va tout seul revoir la chère vallée natale et rencontre, au milieu des arbres, une jeune fille qui chante à sa croisée. C'est Rosette, la sœur de lait de Camille. Celle-là, simple et naïve, ne refuse ni sa main à serrer, ni sa joue à baiser. Perdican lui fait la cour, il parle même de l'épouser après avoir lancé ce foudroyant adieu à Camille :

PERDICAN. — Adieu, Camille, retourne à ton couvent, et lorsqu'on te fera de ces récits hideux qui t'ont empoisonnée, réponds ce que je vais te dire : Tous les hommes sont menteurs, inconstants, faux, bavards, hypocrites, orgueilleux et lâches, méprisables et sensuels ; toutes les femmes sont perfides, artificieuses, vaniteuses, curieuses et dépravées ; le monde n'est qu'un égout sans fond où les phoques les plus informes rampent et se tordent sur des montagnes de fange ; mais il y a au monde une chose sainte et sublime, c'est l'union de deux de ces êtres si imparfaits et si affreux. On est souvent trompé en amour, souvent blessé et souvent malheureux ; mais on aime, et quand on est sur le bord de sa tombe, on se retourne pour regarder en arrière, et on se dit : J'ai souffert souvent, je me suis trompé quelquefois, mais j'ai aimé. C'est moi qui ai vécu, et non pas un être factice créé par mon orgueil et mon ennui.

Mais Camille, qui a épié tout le manège de Perdican avec Rosette, souffre de se voir préférer une fille des champs ; elle est blessée dans son orgueil, et l'amour qu'elle fuyait par crainte de la souffrance s'éveille en son cœur. Elle aime Perdican et finit par se jeter dans ses bras. Hélas ! on ne badine pas avec l'amour : il se venge. L'innocente Rosette s'était laissée prendre aux serments de Perdican ; se voir abandonnée pour Camille la tue sur le coup. Devant son cadavre, Camille dit adieu à Perdican et retourne s'ensevelir au couvent, où elle expiera toute sa vie son orgueil.

* * *

Barbérine.
Comédie en 3 actes (1835).
Ulric, comte bohémien, las d'une existence médiocre, va chercher fortune à la cour du bon roi Mathias Corvin, et laisse au château sa femme Barberine. Arrivé à la cour, Ulric n'est pas sans inquiétude, car, s'il est sûr de Barberine qui lui a juré fidélité, c'est toujours chose dangereuse que de laisser seule au logis une femme jeune et jolie. Justement, entre tous les seigneurs qui occupent leurs loisirs à médire des femmes, est un jeune fat, Rosemberg, qui prétend n'avoir jamais connu de cruelles et qui, entendant vanter la vertu de Barberine, parie ce qu'on voudra d'en triompher. Ulric veut demander raison à l'impudent, mais il consent enfin à tenir la gageure, en présence de la reine qu'il prend comme témoin, et donne même à Rosemberg la lettre de recommandation que celui-ci exigeait pour entrer au château.

Pendant ce temps, Barberine, honnête et ménagère, file en chantant cette exquise et mélancolique chanson :

> Beau chevalier qui partez pour la guerre,
>   Qu'allez-vous faire
>   Si loin d'ici ?
> Voyez-vous pas que la nuit est profonde,
>   Et que le monde
>   N'est que souci ?
>
> Vous qui croyez qu'une amour délaissée
>   De la pensée
>   S'enfuit ainsi,
> Hélas ! hélas ! chercheurs de renommée,
>   Votre fumée
>   S'envole aussi.
>
> Beau chevalier qui partez pour la guerre,
>   Qu'allez-vous faire
>   Si loin de nous ?
> J'en vais pleurer, moi qui me laissais dire
>   Que mon sourire
>   Était si doux.

Rosemberg n'est guère embarrassé d'abord en présence de Barberine. Élégant et beau parleur, il lui fait une cour en règle et ne doute pas du succès prochain. Mais la jeune femme est bien plus fine que lui :

BARBERINE. — Votre cœur est pris?

ROSEMBERG. — Oui, madame, depuis peu de temps, mais pour toute ma vie.

BARBERINE. — C'est sûrement quelque jeune fille que vous avez dessein d'épouser ?

ROSEMBERG. — Hélas, madame, c'est impossible. Elle est jeune et belle, il est vrai, et elle a toutes les qualités qui peuvent faire le bonheur d'un époux, mais ce bonheur ne m'est pas réservé ; sa main appartient à un autre.

BARBERINE. — Cela est fâcheux, il faut en guérir.

ROSEMBERG. — Ah! madame, il faut en mourir!

BARBERINE. — Bah ! à votre âge !

ROSEMBERG. — Comment ! à mon âge ! êtes-vous donc tant plus âgée que moi?

BARBERINE. — Beaucoup plus. Je suis raisonnable.

Barberine a vu bien vite où le jeune fat voulait en venir et elle imagine de venger sur lui l'honneur de tout son sexe. Feignant d'accepter un rendez-vous de Rosemberg, elle l'enferme dans une petite chambre isolée, et là lui dicte ses conditions à travers un guichet : « Si vous voulez boire et manger, vous n'avez d'autre moyen que de faire comme ces vieilles femmes que vous n'aimez pas, c'est-à-dire de filer. Vous avez là, comme vous savez, une quenouille et un fuseau, et vous pouvez avoir l'assurance que l'ordinaire de vos repas sera scrupuleusement augmenté ou diminué, selon la quantité de fil que vous filerez. »

Rosemberg crie et tempête d'abord, mais il lui faut bien se rendre enfin à la nécessité, et l'amour est vaincu en lui par la faim. Ulric a gagné son pari, il revient au château accompagné de la reine qui a voulu être son hôtesse, « afin qu'on sache que le toit sous lequel habite une honnête femme est aussi saint lieu que l'église, et que

les rois quittent leurs palais pour les maisons qui sont
à Dieu ».

***

Le Chandelier.
Proverbe en 3 actes,
en prose (1835).

Jacqueline, femme coquette d'un notaire niais et bien plus âgé qu'elle, a
pour amant un officier hardi et vantard,
du nom de Clavaroche. Un matin, après un tendre tête-
à-tête, les amoureux manquent d'être surpris par le mari qui
entre brusquement chez sa femme, laissant à peine le temps
à l'officier de se glisser dans une armoire. En sortant de là,
tout courbaturé, Clavaroche, pour détourner à l'avenir les
soupçons du mari, propose à Jacqueline de choisir un *chandelier*. On appelle ainsi un individu sur lequel on s'applique
à attirer la jalousie du mari pour cacher le jeu de l'amant :
« Il est comme ces grands seigneurs qui ont une charge hono-
raire et les entrées au jour de gala ; mais le cabinet leur est
clos ; ce ne sont pas leurs affaires. En un mot, sa faveur expire
là où commencent les véritables ; il a tout ce qu'on voit des
femmes et rien de ce qu'on en désire. Derrière ce mannequin
commode se cache le mystère heureux ; il sert de paravent
à tout ce qui se passe sous le manteau de la cheminée. »
Jacqueline adopte le projet de Clavaroche et jette ses vues
sur un des clercs de son mari, Fortunio, qui l'aime en secret
depuis longtemps. C'est un être charmant que Fortunio ;
moins le dévergondage, il ressemble un peu au Chérubin
de Beaumarchais ; il a bonne figure et agréable tournure.

LA SERVANTE (*à Jacqueline*). — Vous ne voyez pas à la fenêtre
ce jeune homme propre et bien peigné ? Tenez ! le voilà qui se
penche, c'est le petit Fortunio.

JACQUELINE. — Oui-dà, je le vois maintenant. Il n'est pas mal
tourné, ma foi, avec ses cheveux sur l'oreille et son petit air
innocent. Prenez garde à vous, Madelon ; ces anges-là font déchoir
les filles. Et il fait la cour aux grisettes, ce monsieur-là, avec ses
yeux bleus... Vraiment, on peut moins bien choisir. Il sait donc
que dire, celui-là, et il a un maître à danser?

La ruse réussit d'abord à merveille. Le notaire invite Clavaroche à dîner avec Fortunio. Mais ce dernier a pris son rôle au sérieux, et c'est les larmes aux yeux qu'il chante au dessert cette délicieuse chanson où pleure discrètement son amour :

> Si vous croyez que je vais dire
> Qui j'ose aimer ;
> Je ne saurais pour un empire
> Vous la nommer.
>
> Nous allons chanter à la ronde,
> Si vous voulez,
> Que je l'adore et qu'elle est blonde
> Comme les blés.
>
> Je fais ce que sa fantaisie
> Veut m'ordonner,
> Et je puis, s'il lui faut ma vie,
> La lui donner.
>
> Du mal qu'une amour ignorée
> Nous fait souffrir,
> J'en porte l'âme déchirée
> Jusqu'à mourir.
>
> Mais j'aime trop pour que je die
> Qui j'ose aimer,
> Et je veux mourir pour ma mie
> Sans la nommer.

Cependant, ayant surpris après le dîner une conversation secrète entre Jacqueline et Clavaroche, Fortunio comprend le rôle qu'on a la cruauté de lui faire jouer. Il ne se plaindra pas ; n'a-t-il pas dit à Jacqueline qu'il mourrait de bon cœur pour elle ? c'est sincèrement qu'il parlait, car il n'a jamais su mentir, comme cette femme qui a fait de son corps un appât et qui joue avec tout ce qu'il y a de sacré sous le ciel « comme un voleur avec des dés pipés ». Il ne lui reste plus qu'à prouver son amour en se sacrifiant. Mais Jacqueline enfin touchée ne lui en donne pas le temps ; elle accorde à

Fortunio bien plus qu'elle n'avait promis, au nez de Clavaroche qui n'a plus qu'à chanter à son tour.

* * *

II ne faut jurer de rien.
Comédie en 3 actes (1836).
Van Buck, vrai type de l'oncle de comédie, indulgent, grondeur, possesseur
de soixante bonnes mille livres de rente,
veut marier son neveu Valentin avec une belle jeune fille,
Mlle Cécile de Mantes. Mais Valentin ne veut pas se marier,
c'est un franc libertin qui a peur que les autres ne lui
rendent le mal qu'il leur a fait, et il doute à ce point de la
vertu des femmes qu'il parie séduire Cécile en huit jours
et prouver ainsi à son oncle qu'il aurait eu tort de l'épouser.
L'oncle est assez débonnaire pour se prêter à cette gageure,
et Valentin commence. D'abord, afin de s'introduire en
vrai héros de roman chez celle qui devrait être sa femme,
il se fait verser par un postillon devant la grille du parc de
la baronne de Mantes et s'installe au château sous la
figure touchante d'un blessé. Par malheur, Van Buck vient
tout déranger étourdiment, et une lettre de Valentin qui
traitait assez cavalièrement la baronne fait mettre à la
porte l'oncle et le neveu. Valentin ne s'en tient pas là;
piqué au jeu, il donne rendez-vous à Cécile dans un petit
bois, et celle-ci vient, toute seule, pour la plus grande
joie du libertin qui se croit prêt de triompher. Mais là
où il croyait trouver ruse et savoir, il ne découvre que
candeur et innocence. Cécile est une bonne petite fille
qui, comme Barberine, fait la gloire de son sexe. Elle
est simple, n'a pas beaucoup de goût pour les romans :
« Qu'est-ce que cela veut dire de s'aller jeter dans un
fossé? risquer de se tuer, et pourquoi faire? Vous saviez
bien être reçu chez nous. Que vous ayez voulu arriver
tout seul, je le comprends; mais à quoi bon le reste ?... »
Si elle est venue au rendez-vous, c'est qu'elle pensait qu'il

n'y avait pas de mal à cela, et elle est tranquille comme la pureté :

VALENTIN. — ... N'as-tu pas peur? Es-tu venue ici sans trembler?

CÉCILE. — Pourquoi ! De quoi aurais-je peur ? Est-ce de vous ou de la nuit ?

VALENTIN. — Pourquoi pas de moi ? qui te rassure? Je suis jeune, tu es belle, et nous sommes seuls.

CÉCILE. — Eh bien ! Quel mal y a-t-il à cela?

VALENTIN. — C'est vrai, il n'y a aucun mal; écoute-moi, et laisse-moi me mettre à genoux.

Cette fois encore, le libertin est vaincu par l'innocence, et Van Buck et la baronne, qui se sont raccommodés, arrivent à temps pour accorder les amoureux.

* * *

Un Caprice.
Comédie en 1 acte (1837). Ce petit acte nous occupe ici parce qu'il est le type parfait des proverbes en un acte de Musset : *Il faut qu'une porte soit ouverte ou fermée, On ne saurait penser à tout, Bettine, l'Ane et le ruisseau ;* et aussi parce que, joué par Mme Allan à la Comédie-Française (24 nov. 1847), il commença au théâtre la réputation d'Alfred de Musset. Cette bluette n'a pas de sujet et saurait à peine se raconter; tout est dans le détail, dans la spirituelle fantaisie du dialogue. M. de Chavigny, après un an de mariage, délaisse sa jeune et charmante femme, Mathilde, pour quelque coquette du grand monde, et la malheureuse souffre d'autant plus de son abandon qu'elle aime son mari en épouse simple et fidèle. C'est alors qu'une belle et bonne amie de Mathilde, Mme de Léry, imagine de leur rendre à tous deux le bonheur vrai. A force d'agaceries et de coquetteries jouées, elle amène à ses pieds M. de Chavigny qui, en franc libertin, voit là une jolie personne et un caprice à satisfaire, et elle le jette ensuite dans les bras de

sa femme, lui montrant qu'elle est encore le meilleur caprice qu'il puisse se passer.

Nous ne parlerons pas d'une bourse de soie brodée par Mathilde, dont il est cependant fort question, et qui est comme le prétexte et le nœud de cette spirituelle fantaisie.

***

Carmosine.
Comédie en 3 actes (1853).

Carmosine, fille de maître Bernard, médecin à Palerme, dépérit de jour en jour. En vain, son père épuise toute sa science à chercher un remède à ce mal dont la cause lui échappe ; en vain sa mère, dame Pâque, y voit la preuve certaine d'un amour pour Ser-Vespasiano, chevalier poltron, grotesque et vantard ; on ne peut rien savoir. Enfin, Carmosine consent à confier son douloureux secret à Minuccio d'Arezzo, le gentil troubadour. Aux dernières fêtes, elle a vu le roi Pierre d'Aragon vainqueur du tournoi, et depuis ce jour elle l'aime, et, sachant qu'un tel amour ne peut avoir d'issue, attend la mort, et l'espère. Mais du moins voudrait-elle, en mourant, que le roi sache qu'elle meurt d'amour pour lui. Minuccio qui, en sa qualité de poète, approche à toute heure le roi, se charge de lui faire cette singulière commission, et lui lit les vers, au tour archaïque et charmant, où s'exhale la plainte de la jeune fille :

> Va dire, Amour, ce qui cause ma peine,
> A mon seigneur, que je m'en vais mourir,
> Et par pitié, venant me secourir,
> Qu'il m'eût rendu la mort moins inhumaine...

Le roi, ému et surpris malgré lui, va tout raconter à la reine, qui promet de sauver Carmosine. Elle va donc la trouver, la console et lui propose de venir au palais en qualité de dame d'honneur. Là, du moins, elle pourra voir et approcher tous les jours le roi et remplacer son amour par de l'amitié. Mais, pour cela, il faut qu'un homme, brave et loyal, lui donne le bras pour entrer à la cour. Cet homme, ce sera Perillo, à qui elle était fiancée dès l'enfance et qu'elle consent enfin à épouser.

Cette dernière comédie de Musset est, plus que les autres, un conte bleu qui rachète l'invraisemblance des caractères par l'habileté et la finesse des détails. Un critique de l'époque, M. Édouard Fournier, l'a fort bien définie : « C'est, dit-il, un adorable conte de fées que l'on croirait écrit par La Fontaine, sous l'inspiration de Boccace purifié, dans la vraie couleur et l'idéal parfum des temps où la reine Berthe filait et où les rois épousaient des bergères. Nulle part le talent du poète ne s'est montré plus frais et plus délicatement ému dans le sentiment de la tendresse souffrante et de la discrétion douloureuse en amour. »

LES ŒUVRES EN PROSE

La Confession d'un enfant du siècle. Ce livre, écrit au lendemain du roman de Venise (1835), fut publié en 1836. Musset avait alors vingt-six ans, mais la crise qu'il venait de traverser avait développé en lui une précoce et douloureuse expérience dont nous trouvons ici l'expression.

Octave, type parfait de cette génération inquiète et désespérée, née pendant les guerres de l'Empire et venue trop tard pour y prendre part, Octave est amoureux. Il l'est exquisement, avec la naïveté de son âge. Mais un soir, dans un souper, il s'aperçoit que sa maîtresse le trompe, et prend à l'instant même la maladie du siècle, faite de doute, d'orgueil et d'inaction. Pour s'étourdir, il se jette dans la débauche, d'où il n'est tiré que par la mort de son père. Confiné aux champs après cette catastrophe, il s'éprend de Mme Brigitte Pierson, une jeune veuve un peu plus âgée que lui, mais belle encore, douce, pieuse, et qui se laisse toucher par son amour. Les commencements de cette passion sont charmants. Bientôt, hélas, viennent les doutes, les soupçons, les inquiétudes; c'est la plaie récente du libertin qui se rouvre et saigne. Dans une espèce de dépravation cruelle, il se plaît à torturer le cœur de sa maîtresse. Ici, Musset a repris encore une fois la thèse favorite qu'il a indiquée dans *la Coupe et les lèvres* et développée dans *Lorenzaccio*, et il nous montre, en écrivant sa propre histoire, que la débauche rend pour toujours incapable d'aimer. C'est alors qu'apparaît un troisième personnage, Smith, qui aime Brigitte et se fait aimer d'elle. Octave s'en aperçoit et reconnaît qu'il a fait lui-même son malheur. Après une dernière scène qui manque de coûter la vie à sa maîtresse, il a encore assez de sagesse et de courage pour s'éloigner, et il laisse la jeune femme à Smith, « remerciant Dieu d'avoir permis que, de trois êtres qui avaient souffert par sa faute, il ne reste qu'un malheureux ».

Ce livre est précieux à plus d'un titre. D'abord en ce qu'il est la représentation fidèle d'une époque; ensuite, en ce qu'il est l'histoire à peine déguisée de la liaison de Musset avec George Sand. Le poète est en effet bien facile à reconnaître sous les traits d'Octave. Quant à George Sand, elle n'est pas plus ressemblante sous les traits de Brigitte Pierson que Pagello ne l'est sous ceux de Smith. C'est une George Sand très idéalisée, chez qui il ne reste rien des défauts trop apparents de la véritable, et il faut applaudir le poète qui, dans sa sincérité, a voulu garder pour lui tous les torts, ne laissant que le beau rôle à son amie.

Malheureusement, cette œuvre a presque toujours été jugée sur ses défauts, c'est-à-dire sur les deux premières parties qui sont souvent éloquentes, mais plus encore, il faut bien l'avouer, ampoulées et déclamatoires. La partie qui suit est pourtant de premier ordre. C'est une suave et pure idylle d'où l'on pourrait, tant comme sentiment que comme écriture, détacher des pages exquises : la rencontre

de Mme Pierson, vers qui court et bondit un chevreau blanc ;
les promenades nocturnes dans la forêt de Fontainebleau
avec Brigitte, en blouse bleue, escaladant les rochers
où la lune se lève. C'est un repos que l'on souffre de
voir troublé si vite par le long et pénible récit des querelles
qui aboutissent à la rupture.

* * *

Nouvelles.   Sous ce titre et sous celui de *Contes*,
figurent, dans l'œuvre de Musset, deux recueils. Le premier
contient : *les Deux Maîtresses, Emmeline* (1837); *Frédéric et
Bernerette, le Fils du Titien, Margot* (1838); *Croisilles* (1839);
le second : *Histoire d'un merle blanc* (1842); *Pierre et Camille,
le Secret de Javotte* (1844); *Mimi Pinson* (1845); *la Mouche*
(1853). Comme dans son théâtre, Musset se trouve dans
presque toutes ses nouvelles. Il y tient le rôle d'amoureux et
nous conte, discrètement, quelques-unes de ses aventures.
C'est ainsi qu'on le reconnaît sous les traits de Valentin dans
les Deux Maîtresses, de Gilbert dans *Emmeline*, pour qui il
écrit les *Stances à Ninon* (Voir aux *Poésies nouvelles*), de
Frédéric dans *Bernerette*. Les autres personnages sont peints
d'après nature, car Musset n'invente rien : il puise tout dans
ses souvenirs, même les intérieurs et les paysages, et emploie
la méthode naturaliste. Mais s'il dit toujours la vérité, il la
choisit, et jamais rien de choquant ni de trivial ne vient sous
sa plume alerte et spirituelle. En somme, ces nouvelles con-
tiennent bien toutes ses qualités, sauf peut-être la passion qui
débordait ailleurs. Les couleurs en sont éteintes, atténuées.
Il faut mettre en première ligne *le Merle blanc*. On y retrouvera Musset, le Musset romantique, qui scandalise une
famille où la poésie classique était de tradition. On y retrouvera aussi, avec quelle malice, George Sand sous les traits
d'une merlette blanche qui écrit des romans avec trop de
facilité. Il faut citer ensuite *Frédéric et Bernerette* et *Mimi*

Pinson, à cause du type exquis de grisette que Musset a introduit dans la littérature, avant Mürger. La chanson de Mimi Pinson a été chantée par toute une génération que le roman de Bernerette a fait pleurer, et cette nouvelle, qui traite de la régénération de la courtisane par l'amour, n'a pas été sans inspirer d'autres productions, en tête desquelles il faut citer *la Dame aux Camélias*.

Musset et son temps

(1810-1857)

Dates. Age.

1810 (11 décembre). Naissance de Louis-Charles-Alfred de Musset,
à Paris.

> SYNCHRONISMES. — Mariage de Napoléon et de l'archidu-
> chesse Marie-Louise, 1810; Naissance de Schumann, 1810;
> Naissance du roi de Rome, 1811; Campagne de Russie, 1812;
> d'Allemagne, 1813; de France, 1814; Abdication de Napoléon,
> 1814; Première Restauration, 1814; Les Cent-Jours, 1815;
> Waterloo, 1815; Seconde Restauration, 1815.

1819 9 Alfred de Musset entre externe libre au lycée Henri-IV.

> SYNC. — Assassinat du duc de Berry, 1820; Lamartine, *Mé-
> ditations*, 1820; Mort de Napoléon, 1821; Victor Hugo, *Odes*,
> 1822; Mort de Louis XVIII, avènement de Charles X, 1824;
> Mort de lord Byron, 1824; Mort de Géricault, 1824; Alfred de
> Vigny, *Cinq-Mars*, 1826; Mort de Talma, 1826.

1827 17 Musset quitte le lycée Henri-IV, après avoir obtenu le second
prix de philosophie au grand concours.

> SYNC. — Mort de Beethoven, 1827; Victor Hugo, *Cromwell*,
> 1827; V. Hugo, *les Orientales*, 1828; Mort de Schubert, 1828;
> Mérimée, *Chronique du temps de Charles IX*, 1829; A. Dumas,
> *Henri III*, 1829; V. Hugo, *Dernier jour d'un condamné*, 1829;
> Balzac, *la Comédie humaine*, 1829-1850.

1830 20 Musset publie les *Contes d'Espagne et d'Italie* et fait jouer à
l'Odéon *la Nuit vénitienne*.

> SYNC. — V. Hugo, *Hernani*, 1830; Lamartine, *Harmonies*,
> 1830; Révolution de 1830; Aug. Barbier, *Iambes*, 1830; Prise
> d'Alger, 1830; Louis-Philippe, 1830-1848; V. Hugo, *Marion de
> Lorme, les Feuilles d'automne, Notre-Dame de Paris*, 1831; Sten-
> dhal, *le Rouge et le Noir*, 1831.

1832 22 Musset perd son père; il publie *le Spectacle dans un fauteuil*.

> SYNC. — Mort du duc de Reichstadt, 1832; Mort de Gœthe,
> 1832; A. de Vigny, *Stello*, 1832; V. Hugo, *le Roi s'amuse*;
> G. Sand, *Indiana*; C. Delavigne, *Louis XI*, 1832.

MUSSET

<table>
<tr><td>Dates.</td><td>Age.</td></tr>
</table>

1833 23 Musset publie *André del Sarto* et *les Caprices de Marianne* (comédies); *Rolla* paraît le 15 août dans la *Revue des Deux Mondes*. Musset rencontre George Sand et part avec elle pour Venise (fin décembre).

1834 24 *Fantasio* (*Revue des Deux Mondes*, 1er janvier). Musset est atteint à Venise d'une fièvre cérébrale; il revient à Paris le 12 avril et publie *On ne badine pas avec l'amour* et *Lorenzaccio*.

1835 25 Musset écrit *la Nuit de mai* et *la Nuit de décembre*; il publie *Barberine* et *le Chandelier* (comédies).

> SYNC. — V. Hugo, *Chants du crépuscule, Angelo*, 1835; A. de Vigny, *Servitude et grandeur militaires*; *Chatterton*, 1835; Suicides de Gros et de Léopold Robert, 1835; Lamartine, *Jocelyn*, 1835; Mort de Bellini, 1835.

1836 26 Musset écrit la *Lettre à Lamartine*, *la Nuit d'août* et les *Stances à la Malibran*; il termine *la Confession d'un enfant du siècle*, publie *Il ne faut jurer de rien* (comédie) et les *Lettres de Dupuis et Cotonet*.

> SYNC. — Attentat de Fieschi; Duel et mort d'Armand Carrel; Mort de la Malibran.

1837 27 Musset publie *Emmeline* et *les Deux Maîtresses* (nouvelles); *Un Caprice* (comédie); *la Nuit d'octobre*.

> SYNC. — V. Hugo, *Voix intérieures*, 1837; G. Sand, *Mauprat*, 1837; Fondation de la Société des gens de lettres; Victoria, reine d'Angleterre, 1837-1901; Mort de Léopardi, 1837.

1838 28 Musset écrit *l'Espoir en Dieu*; il publie *Frédéric et Bernerette*, *le Fils du Titien* et *Margot* (nouvelles); il est nommé bibliothécaire du ministère de l'Intérieur.

> SYNC. — V. Hugo, *Lucrèce Borgia, Marie Tudor, Ruy Blas*, 1838; Lamartine, *la Chute d'un ange*, 1838.

1839 29 Musset publie *Croisilles* (nouvelle).

> SYNC. — Stendhal, *la Chartreuse de Parme*; Lamartine, *Recueillements*, 1839.

1840 30 Musset réunit ses vers sous le titre de *Poésies nouvelles*, son théâtre sous le titre de *Comédies et proverbes*; il réunit également ses *Nouvelles* et écrit *la Soirée perdue* et *Simone* (poèmes).

> SYNC. — V. Hugo, *les Rayons et les Ombres*, 1840; Sainte-Beuve, *Port-Royal*, 1840; Proudhon, *De la Propriété*, 1840.

Dates. Age.

1841   31   Musset écrit *le Souvenir* et *le Rhin allemand* (réponse à Becker).

> SYNC. — A. Dumas, *le Comte de Monte-Cristo*, 1841-1845.

1842   32   Musset écrit l'épître *Sur la Paresse*, à Buloz; *le Merle blanc* (nouvelle); *Après une lecture.*

> SYNC. — Mort de Ferdinand-Philippe, duc d'Orléans, 1842; V. Hugo, *le Rhin*, 1842; E. Sue, *les Mystères de Paris*, 1842; La loi des chemins de fer, 1842; V. Hugo, *les Burgraves*, 1843; Mort de Casimir Delavigne, 1843; Ponsard, *Lucrèce*, 1843; Chemins de fer de Paris à Rouen et Orléans, 1843; A. Dumas, *les Trois Mousquetaires*, 1844; Mort de Charles Nodier, 1844.

1845   35   Musset publie : *Il faut qu'une porte soit ouverte ou fermée* (proverbe).

> SYNC. — R. Wagner, *Tannhäuser*, 1845; H. Berlioz, *Damnation de Faust*, 1846; Mort de Töpffer, 1846; Pie IX, pape, 1846.

1847   37   *Le Caprice* est représenté au Théâtre-Français.

> SYNC. — Mort d'O'Connell, 1847; Lamartine, *Histoire des Girondins*, 1847; Michelet, *Histoire de la Révolution*, 1847-1853.

1848   38   Musset est destitué de sa place de bibliothécaire; *le Chandelier*, *Il ne faut jurer de rien*, *Il faut qu'une porte soit ouverte ou fermée*, sont représentés au Théâtre-Français.

> SYNC. — Établissement du suffrage universel; Louis-Napoléon, président de la République, 1848; Mort de Chateaubriand, 1848; G. Sand, *la Petite Fadette*, 1848; Émile Augier, *l'Aventurière*, 1848; Thiers, *De la Propriété*, 1848; Louis Blanc, *Histoire de la Révolution*, 1848-1862.

1849   39   Musset écrit : *On ne saurait penser à tout* (proverbe), et *Louison*, comédie en vers jouée aux Français.

> SYNC. — Chateaubriand, *Mémoires d'Outre-tombe*, 1849.

1850   40   Musset écrit *Carmosine* (comédie représentée en 1865).

> SYNC. — Mort de Balzac, 1850; R. Wagner, *Lohengrin*; Saint-Marc Girardin, *Cours de littérature dramatique*, 1850; Sainte-Beuve, *les Lundis*, 1850-1869.

1851   41   Musset est élu à l'Académie française en remplacement de Dupaty; *André del Sarto*, *les Caprices de Marianne* et *Bettine* sont représentés aux Français.

> SYNC. — J. Sandeau, *Sacs et parchemins*, 1851; Coup d'État de Louis-Napoléon, 1851.

1852   42   Réception de Musset à l'Académie (27 mai).

> SYNC. — Napoléon III empereur, 1852; Mort de X. de Maistre, 1852; Th. Gautier, *Émaux et Camées*, 1852; A. Dumas fils, *la Dame aux Camélias*, 1852; V. Hugo, *Napoléon le Petit*, 1852; V. Hugo, *Châtiments*, 1853; Mariage de Napoléon III, 1853; Leconte de Lisle, *Poèmes antiques*, 1853.

Dates. Age.

1854 44 Musset écrit *l'Habit vert,* en collaboration avec Émile Augier
(cette pièce est jouée à l'Odéon).

> SYNC. — Mort de Lamennais, 1854; Mort de Silvio Pellico,
> 1854; Ém. Augier, *le Gendre de Monsieur Poirier,* 1854; Guerre
> de Crimée, 1854-1856.

1855 45 Musset écrit *l'Ane et le Ruisseau* (comédie).

> SYNC. — A. Dumas fils, *le Demi-Monde,* 1855; E. About, *la
> Grèce contemporaine,* 1855; Siège et prise de Sébastopol, 1855;
> Mort d'A. Thierry, 1855; Suicide de Gérard de Nerval, 1855;
> V. Hugo, *Contemplations,* 1856; Taine, *Philosophes du XIXe siè.
> cle,* 1856; Congrès de Paris, 1856; Mort de Henri Heine, de
> Schumann, 1856.

1857 47 Mort d'Alfred de Musset (2 mai).

> SYNC. — Mort de Béranger, 1857; Taine, *Essais;* Gustave
> Flaubert, *Madame Bovary;* Ch. Baudelaire, *Fleurs du mal,* 1857.

Opinions et jugements sur Musset [1]

Gœthe, dès sa jeunesse et dès le temps de Werther, s'apprêtait à vivre plus de quatre-vingts ans. Pour Alfred de Musset, la poésie était le contraire ; sa poésie, c'était lui-même : il s'y était rivé tout entier, il s'y précipitait à corps perdu ; c'était son âme juvénile, c'était sa chair et son sang qui s'écoulait ; et quand il avait jeté aux autres ces lambeaux, ces membres éblouissants du poète qui semblaient parfois des membres de Phaéton et d'un jeune dieu (se rappeler les magnifiques apostrophes et invocations de Rolla), il gardait son lambeau à lui, son cœur saignant, son cœur brûlant et ennuyé. Que ne prenait-il pas patience ? Tout serait venu en sa saison. Mais il avait hâte de condenser et de dévorer les saisons.

Après les jeux de la passion, que devenait son enfance ? elle-même pourtant elle vint, la passion en personne : nous le savons ; elle éclaira un moment ce génie si bien fait pour elle, elle le ravagea... Il a dû à ces heures d'orage et de douloureuse agonie de laisser en quelques nuits immortelles des accents qui ont fait vibrer les cœurs et que rien n'abolira. Tant qu'il y aura une France et une poésie française, les flammes de Musset vivront comme les flammes de Sapho.

Sainte-Beuve (Portraits littéraires, 1862).

Musset a continué la grande race des écrivains français. Il est de la haute lignée de Rabelais, de Montaigne et de La Fontaine. S'il semble s'être drapé, à ses débuts, dans les guenilles romantiques, on croirait aujourd'hui qu'il a pris ce costume de carnaval pour se moquer de la littérature échevelée du temps. Le génie français, avec sa pondération, sa logique, sa netteté si fine et si harmonique, était le fond même de ce poète aux débuts tapageurs. Il a parlé ensuite une langue d'une pureté et d'une douceur incomparables. Il vivra éternellement, parce qu'il a beaucoup aimé et beaucoup pleuré.

Émile Zola (Documents littéraires ; études et portraits, 1881).

---

[1] Voir, page 28, l'admirable jugement de Taine.

Musset a touché au génie par la profondeur et la puissance de sa sensibilité, comme d'autres par la force de l'imagination. Il n'y a atteint que rarement, et la raison en est simple. La passion est dans l'homme une des grandes sources d'art, comme toutes les forces qu'il a en lui. Mais, d'abord, elle s'épuise très vite, et, d'autre part, pour arriver à l'expression artistique, il faut qu'elle se rencontre en nous avec des facultés, des ressources, des talents, qui d'ordinaire ne sont pas du même âge qu'elle. C'est dans la jeunesse qu'on sent très vivement et c'est dans l'âge mûr qu'on sait son métier de poète. C'est pour cette cause que nous avons tant de vers d'amour écrits par des jeunes gens qui sont ridicules et tant de vers d'amour écrits par des quadragénaires qui sont agréables, mais froids. Aux uns c'est l'exécution qui manque ; aux autres, le fond. Tout a servi à Musset pour que la rencontre de l'art et de la matière se produisît : sa précocité, sa candeur, son aptitude, malheureuse d'ailleurs, précieuse ici à rester enfant.

Il a su faire de beaux vers de très bonne heure ; et, encore adolescent de cœur assez avant dans la vie, il a eu tout le talent de la passion quand il avait tout le talent pour la peindre.

Émile Faguet (*Études littéraires sur le xixe siècle*, 1887).

Quand on a dit de Musset qu'il est « le poète de l'amour et de la jeunesse », cela paraît court, et pourtant il n'y a pas grand'chose à ajouter. (Il est vrai qu'on peut alors développer le contenu de ces mots « jeunesse et amours », et que cela ne laisse pas d'être long.) Si l'on remarque ensuite que ce qui distingue Musset des élégiaques anciens, tels que Catulle ou Properce, et des modernes, tels que Ronsard, Chénier et Parny, c'est qu'il a surtout exprimé ce qu'il y a de tristesse dans l'amour, le *Surgit amari aliquid* du vieux Lucrèce, et aussi dans l'éternel inassouvissement du désir, l'éternelle illusion renaissante ; ou encore que la mélancolie de l'amour lui a été parfois un acheminement aux mélancolies intellectuelles de son siècle, on sera fort près d'avoir tout dit. Et si l'on constate enfin qu'il a été l'un des hommes les plus impressionnables de ce temps et un des plus spirituels ; qu'il a été le plus sincère des écrivains, et le plus gracieux, — qu'il nous prend à la fois par le charme aisé d'un esprit de pure lignée française et par la profondeur et la vérité du sentiment et de la passion..., il me semble qu'il ne reste plus rien à faire qu'à le relire.

Jules Lemaitre (*Impressions de théâtre*, 1888).

Portraits de Musset

Outre le pinceau et le crayon des artistes, Musset a tenté maintes fois la plume des contemporains qui le voyaient passer en leurs souvenirs.

De ces portraits écrits, un des plus anciens est celui qu'évoque Lamartine dans son *Cours familier de littérature*; il nous montre le Musset des soirées de Nodier, à l'Arsenal :

C'était un beau jeune homme aux cheveux huilés et flottant sur le cou... Un front distrait plutôt que pensif; des yeux rêveurs plutôt qu'éclatants (deux étoiles plutôt que deux flammes); une bouche très fine, indécise entre le sourire et la tristesse; une taille élevée et souple, qui semblait porter, en fléchissant déjà, le poids encore si léger de sa jeunesse, un silence modeste et habituel au milieu du tumulte confus d'une société jaseuse de femmes et de poètes, complétaient sa figure.

A côté de ce portrait se place celui de Juste Olivier qui rencontrait alors Musset chez Alfred de Vigny, rue de Miromesnil :

A l'un des mercredis de M. de Vigny où j'allais assez régulièrement, je remarquai beaucoup un très jeune homme aux cheveux blonds, à la mise très élégante et peut-être un peu outrée : redingote col velours jusqu'à la ceinture, pantalon bleu de ciel et collant. C'était Alfred de Musset. Sa figure est belle, traits réguliers et les yeux bleus, la barbe blonde, de belles dents, le nez bien fait ; mais tout cet ensemble, sans manquer d'expression, aurait pu en avoir davantage, a quelque chose d'un peu matériel, et me laisse l'impression d'une belle fleur cueillie et fanée avant le soir.

Si plus tard l'âge modifia ou altéra les traits de cette figure, il ne changea jamais rien au grand air et à l'allure un peu misanthropique et dédaigneuse du poète. Parmi tant d'autres, voici un portrait assez caractéristique que nous a laissé Maxime du Camp dans ses *Mémoires littéraires*. Celui-ci, c'est le Musset de l'âge mûr, celui de 1854, à qui il ne restait plus d'autre bien au monde « *que d'avoir quelquefois pleuré* ».

... Alfred de Musset entra et s'assit près de la cheminée, avec la figure ennuyée d'un homme qui accomplit une corvée. Il regardait les femmes comme s'il eût cherché à les comparer entre elles. Je pus le contempler à mon aise. Il avait alors quarante-quatre ans ; de sa beauté passée il n'avait conservé qu'une admirable chevelure blonde que dorait le reflet des lumières ; le visage allongé était amaigri ; des rides précoces accusaient les traits ; le front avait de la grandeur, mais la lèvre inférieure semblait amollie et donnait à l'ensemble une sorte d'expression d'hébétude ; la main, belle et soignée, ramenait parfois les boucles de cheveux. Le costume, et surtout la façon de le porter, avait quelque chose de suranné qui sentait le vieux dandy... Au bout d'une demi-heure, il se leva tout d'une pièce, resta un instant immobile et traversa le salon d'un pas posé, la taille raide. Dès qu'il fut parti, une femme qui l'avait attentivement suivi du regard dans une glace dit : « Pauvre garçon ! »

Ce portrait est triste en tout son poignant réalisme, et nous aimons à l'oublier devant celui que trace Théodore de Banville dans ses *Camées parisiens* (1866). C'est à cet admirable portrait que s'arrêtera la postérité :

Je voudrais le montrer non tel que l'a dessiné Gavarni en cette lithographie exquise où le dandy-poète, déjà fatigué de la lutte, pâli par les veilles, ferme à demi ses yeux et regarde tristement le fantôme de la vie ; — mais fier, charmant, jeune, beau comme dans le médaillon où David nous conserva l'image de son enfance adorable et tel qu'il apparut à cette soirée chez Charles Nodier, où il lut pour la première fois les *Contes d'Espagne et d'Italie*, et d'où il sortit célèbre. Sans barbe alors, et tout resplendissant d'une grâce juvénile, ce nez aquilin trop long et trop busqué, d'un caractère si étrange et hardi, ces yeux ingénus et profonds, cette petite bouche aux lèvres amoureuses, faites pour les baisers, ce puissant menton byronien, et surtout ce large front modelé par le génie, et cette épaisse, énorme, violente, fabuleuse chevelure blonde, tordue et retombant en onde frémissante, lui donnent l'aspect d'un jeune dieu. Le cou long, charnu, démesuré, est d'un lutteur, et, en effet, le poète de *Rolla* avait été doué de la vigueur héroïque, pour que la Passion et la Douleur, ses vraies amantes implacablement chéries, eussent de quoi s'acharner sur leur proie.

Bibliographie

L'Œuvre d'Alfred de Musset. — *Contes d'Espagne et d'Italie,* 1829, in-8°, comprenant trois contes en vers : *Don Paez, les Marrons du feu,* fantaisie dramatique, *Portia,* quelques romances et la *Ballade à la lune; le Spectacle dans un fauteuil,* composé d'un poème dramatique, *la Coupe et les lèvres,* d'une fantaisie, *A quoi rêvent les jeunes filles,* et de *Namouna; Rolla,* poème paru dans la *Revue des Deux Mondes,* août, 1833; ce poème et les deux recueils qui précèdent furent réunis sous le titre de *Poésies complètes* (2 vol.) avec *les Nuits (Nuit de mai, Nuit de décembre, Nuit d'août, Nuit d'octobre),* parues de 1835 à 1837, et la *Lettre à Lamartine,* 1836; *la Confession d'un enfant du siècle,* 1836, 2 vol. in-8°; *Poésies nouvelles,* 1840, in-8°, successivement augmentées dans les éditions suivantes; *Comédies et proverbes,* 1840, 1848, 1851, in-8°, puis 2 vol. in-18; ce recueil se compose de *André del Sarto, Lorenzaccio, les Caprices de Marianne, Fantasio, On ne badine pas avec l'amour, la Nuit vénitienne, Barberine, le Chandelier, Il ne faut jurer de rien, Un Caprice, Il faut qu'une porte soit ouverte ou fermée, Louison, On ne saurait penser à tout, Carmosine, Bettine;* la plupart de ces comédies avaient paru dans la *Revue des Deux Mondes* de 1833 et 1837; elles furent suivies d'une série de Nouvelles : *Emmeline, les Deux Maîtresses,* 1837; *Frédéric et Bernerette, le Fils du Titien, Margot,* 1838, *Croisilles,* 1839, qui furent réunies en volume, 1840, in-8°. Quelques-unes des comédies furent représentées, longtemps après leur apparition, avec de légères modifications nécessitées par la scène : *le Caprice,* Théâtre-Français, 1847; *Il faut qu'une porte soit ouverte ou fermée,* 1848; *Il ne faut jurer de rien,* 1848; *le Chandelier,* 1848; *Louison,* 1848; *André del Sarto, Bettine,* 1851; *les Caprices de Marianne,* 1851; *On ne badine pas avec l'amour,* 1861; *Carmosine,* 1865; *Fantasio,* d'après Musset, musique de Jacques Offenbach, Opéra-Comique, 1872; *Lorenzaccio,* adaptation d'Armand d'Artois, Renaissance, 1896. Alfred de Musset a fait représenter *l'Habit vert* (en collaboration avec Émile Augier), Odéon, 1854. Il a donné en 1854 un volume de *Contes,* in-12, comprenant : *la Mouche, Pierre et Camille, Mimi Pinson, le Secret de Javotte, le Merle blanc,* et des *Lettres sur la littérature.* Il a de plus collaboré avec Hetzel au *Voyage où il vous plaira,* illustré par Tony Johannot, 1842, gr. in-8°. Les *Œuvres complètes de Musset* ont été éditées par Charpentier, 1860, 7 vol. in-18, et 1865, 10 vol. petit in-4°. Cette dernière édition est complétée par un volume d'*Œuvres posthumes* et inédites, parmi lesquelles sont des *Lettres* intéressantes, mais fort peu nombreuses.

La *Correspondance* de George Sand et d'Alfred de Musset a été publiée par M. Félix Decori, Bruxelles, 1904, et la *Correspondance* d'Alfred de Musset (1827-1857), par Léon Séché, 1907.

Ouvrages et études sur Alfred de Musset. — George Sand, *Elle et Lui,* Paris, 1859; Paul de Musset, *Lui et Elle,* Paris, 1860; *Biographie d'Alfred de Musset,* Paris, 1877; Louise Colet, *Lui,* Paris, 1859; Sainte-

Beuve, *Causeries du Lundi*, tomes Ier et XIII; *Portraits contemporains*, tome II; *Journal*; Taine, *Histoire de la littérature anglaise* (à propos de Tennyson), Paris, 1865; J. Lemaître, *Introduction au théâtre de Musset*, Paris, 1885-1891, 4 vol.; Ém. Faguet, *Études littéraires*, le xixe siècle, Paris, 1887; Mme Jaubert, *Souvenirs*, Paris, 1881; F. Brunetière, *Évolution de la poésie lyrique*, Paris, 1895; *Manuel de l'histoire de la littérature française*, Paris, 1898; Arvède Barine, *Alfred de Musset*, Paris, 1893; Spoelbergh Le Lovenjoul, *Lundis d'un chercheur*, 1894; *Étude critique et bibliographique sur les œuvres d'Alfred de Musset*, Paris, 1867; *La Véritable Histoire de « Elle et Lui »*, « Cosmopolis », mai-juin 1876; Sir Francis Palgrave, *Oxford Essays*, Oxford, 1855; P. Lindau, *Alfred de Musset*, Berlin, 1876; Émile Montégut, *Nos morts contemporains*, Paris, 1884; Derome, *les Éditions originales des romantiques*, Paris, 1887, tome II; Ed. Grenier, *Souvenirs littéraires*, Paris, 1894; Mme de Janzé, *Étude et récits sur Alfred de Musset*, Paris, 1891; P. Mariéton, *Une histoire d'amour; George Sand et Alfred de Musset*, Paris, 1897; Ad. Jullien, *le Romantisme et l'éditeur Renduel*, Paris, 1897; Dr Cabanis, *Un roman vécu à trois personnages : Alfred de Musset et le docteur Pagello*, « Revue hebdomadaire », 1er août 1896; *Une visite au docteur Pagello*, « Revue hebdomadaire », 24 octobre 1896; Octave Uzanne, *les Lettres d'Alfred de Musset à George Sand*, « Revue hebdomadaire », 12 décembre 1898; Fr. Sarcey, *le Plus sage des trois*, « Revue hebdomadaire », 5 mars 1898; Ch. Maurras, *les Amants de Venise*, Paris, 1902; Léon Lafoscade, *le Théâtre d'Alfred de Musset*, Paris, 1902; Auguste Mailloux, *Une fille d'A. de Musset et de George Sand*, Paris, 1903; Octave Teissier, *Alfred de Musset, documents généalogiques*, Draguignan, 1903; Mme Martellet, *Dix ans chez Alfred de Musset*, Paris, 1899; Ad. Brisson, *l'Envers de la gloire*, Paris, 1904; Léon Séché, *Études d'histoire romantique : Alfred de Musset*, 2 vol., Paris, 1907.

Iconographie

Portrait d'Alfred de Musset enfant, par Van Brée (1814); Portrait d'Alfred de Musset et de son frère Paul, par Dufaut (1814), musée Carnavalet; Médaillon, par David d'Angers (1831); Portrait, en costume de page, par Achille Deveria (1830); Portrait au crayon rehaussé de sanguine, par Eugène Lami (1841); Portrait miniature, par Mlle Marie Moulin (1848); Portrait, par Charles Landelle (1854); Portrait, par Gavarni (1854); Portrait-charge, par Eug. Giraud; Buste, par Jean-Auguste Barre (au cimetière du Père-Lachaise); Buste, par Mezzara (à la Comédie-Française); Statue à Paris, par Antonin Mercié (1906); Statue à Neuilly-sur-Seine, par Pierre Granet (1906); Monument à Alfred de Musset, par A.-E. Moncel (Salon des Artistes français, 1907).

Paris. — Imp. LAROUSSE, 17, rue Montparnasse.